이야기로 만나는 인문학

도가 道家

이야기로 만나는 인문학

도가 道家

심백강 지음

바른역사

이야기로 만나는 인문학

 돈으로 집을 사고 자동차를 사고 명품을 살 수는 있다. 그러나 돈으로 마음의 행복을 살 수는 없다. 무엇으로 마음의 행복을 얻을 수 있는가. 고전의 가르침 특히 동양고전의 가르침 속에는 어둠속을 헤매는 인간이 마음의 안정과 행복을 얻을 수 있는 신비한 처방이 담겨 있다.

 나는 근래 사대, 식민사관으로 왜곡된 우리역사를 바로 세우는 작업에 매달려왔다. 역사란 인간의 흥망성쇠를 다룬 것으로 치욕과 영광이 공존하기 때문에 때로는 주먹이 불끈 쥐어지기도 하고 때로는 입가에 잔잔한 미소가 번지기도 하면서 마음의 평화를 유지하기가 쉽지 않다.

 요즘 우연히 20여 년 전에 펴냈던 《에세이 동양사상》『유가』, 『불가』, 『도가편』을 꺼내서 읽다보니 그동안 역사작업으로 인해 격정에 차 있던 감정이 수그러들고 나도 모르는 사이에 마음의 안정과 평온이 찾아온다. 문득 이 책을 여러 사람들과 공유하고 싶은 생각이 드는데 20여 년 전에 출간된 책이라서 현재 절판이 된 상태다. 그래서 이번에 책 제목을 《이야기로 만나는 인문학》으로 바꾸고 편집도 다시 하여 개정판을 내놓는다.

 고전은 영원한 고전이다. 20년이 아니라 200년이 흘렀어도 고전의 가치는 변함이 없다. 이 책은 동양의 도가의 고전 가운데서 인생과 사회를 슬기롭게 살아갈 수 있는 진리를 학술적인 난해한 논리가 아닌 이야기로 비유를 들어 알기 쉽게 설명한 내용들을 골라 각 부문별로 장을 나누어 엮었으며 또 독자의 이해를 돕기 위해 친절한 해설을 덧붙였다.

한글을 읽을 수 있는 정도의 사람이라면 대한민국 국민 누구나 부담 없이 동양고전의 진리를 쉽게 만날 수 있고 돈으로 살 수 없는 마음의 행복을 어렵지 않게 얻을 수 있다.

이 책이 경제적으로 풍요하지만 정신적으로 행복하지 않은, 마음의 안정과 평화를 찾기를 소망하는 많은 한국인들에게 다소나마 보탬이 되었으면 좋겠다. 그래서 세계최고치를 달리는 한국인의 자살률과 이혼율을 낮추는 데 일조가 되기를 바라는 마음 간절하다.

그리고 자본주의는 인간의 이기적 욕망의 충족을 위해 생태계 파괴를 자행해왔고 생명공학, 유전공학을 발전시켜 생명체 대부분 즉 식물, 곰팡이, 박테리아 등의 유전자를 조작하는 단계에까지 이르렀다. 그런 점에서 코로나 19는 자본주의 상업문명이 만들어낸 문명병이자 자연이 인류에게 보내는 경고라고 말할 수 있다. 이대로 가면 인류는 멸망에 직면할는지도 모른다. 현대문명은 자연으로 돌아가라는 도가의 외침을 귀담아들어야 한다. 도가의 가르침이 오늘날처럼 절실한 시대는 일찍이 없었다고 여겨진다.

2022년 6월 10일
역사학박사/문학평론가 심백강

'완숙'의 문화를 꿈꾸며

　현대인들은 일반적으로 동양사상은 어렵고 재미없는 것으로 인식하고 있다.

　그런 이유로 동양사상에 관심은 있으면서도 쉽게 가까워지지 못한다.

　동양사상을 쉽고 재미있게 배울 수 있는 길은 없는 것인가. 여기에 대한 대안의 하나로 마련해본 것이 바로 '에세이 동양사상' 시리즈이다.

　사실 유儒·불佛·도道 삼가三家로 대표되는 동양사상 가운데는 고답적인 논리가 아닌 이야기의 형식을 빌어 인생과 사회를 논하고 우주의 원리를 설명한 것들이 많다. 뛰어난 발상, 적절한 비유와 암시 그리고 세련된 표현을 통해 전개되는 이 이야기들은 어떤 의미에서 요즈음 널리 읽히는 인기 소설보다 한층 더 흥미진진하다.

　현대 소설은 처음 읽을 때는 재미있지만 다시 씹으면 맛이 없는 경우가 많은데 반해, 이 이야기들은 쉬우면서도 함축된 의미는 깊고, 재미있으면서 읽을수록 맛이 난다. 다만 동양의 고전들이 현대인들의 체질과 정서에 맞게 정리되어 있지 않은 탓에 이런 주옥 같은 이야기들이 그 진가를 발휘하지 못할 뿐이다. 이에 '에세이 동양사상'에서는 이런 이야기들을 중심으로 동양사상을 체계화함으로써 현대인들에게 참다운 지혜를 가져다주면서도 읽는 재미를 동시에 만족시켜줄 수 있도록 하였다.

'에세이 동양사상' 시리즈의 현대적 가치

최치원崔致遠이 "우리 고유의 사상인 풍류도風流道가 유·불·도 삼교를 포함하고 있다(國有玄妙之道 曰風流……實乃包含三敎)"라고 언급한 것을 볼 때 우리는 일찍이 유·불·도 삼가를 각각 따로 떼어서 보지 않고 동양사상이라는 넓은 테두리 안에서 하나로 조화시키려는 전통이 있어왔음을 알 수 있다.

그러나 불행하게도 한국사상사에서 이런 정신을 계승하여 이룩된 저술은 흔치 않다. 조선조 때 서산대사西山大師가 쓴 《삼가귀감三家龜鑑》이 유·불·도 삼가의 사상을 한데 아울러 동양사상이라는 차원에서 다룬 대표적인 저작이긴 하지만, 안타깝게도 그것은 체계적인 저술이라기보다는 극히 단편적인 한 편의 논문에 불과하다.

그런 점에서 '에세이 동양사상' 시리즈는 유가·불가·도가를 이야기 중심으로 하여 그 정수를 발췌·압축하고, 이해를 돕기 위해 상세한 설명을 덧붙인, 우리 역사에서 그 누구도 시도한 일이 없는 최초의 체계적인 작업이라 할 수 있다.

독자들은 이제 '에세이 동양사상' 시리즈를 통해 인생무상·번뇌·구도·지혜·삶과 죽음·인과응보와 같은 불가의 진수를 어렵고 싫증나는 철학이나 종교의 논리로서가 아니라, 쉽고 재미있는 이야기로서 만나 진한 감동과 깊은 깨우침을 얻을 수 있게 될 것이다.

또한 도란 무엇이고 어떻게 도에 이를 수 있으며 진정한 자유인은 누구인가와 같은 도가사상의 본질적인 문제들, 그리고 학문과 실천, 인격과 수양, 정치와 도덕 같은 유가사상의 핵심적인 내용들에 대해서도 어렵지 않게 접근할 수 있을 것으로 믿는다.

우리가 동양사상을 알아야 하는 까닭

20세기는 서구의 과학기술이 세계를 주도한 시대였다. 우리는 과학기술이 인류발전에 기여한 공로를 과소평가해서도 안 되지만 그것이 가져다준 부정적인 측면 역시 간과해서는 안 된다.

현대과학은 자연환경파괴·사회도덕타락·인간양심상실이라는 3대 병폐를 가져왔다. 자연을 정복하여 환경을 파괴시키고, 경제에 편중하여 도덕을 타락시키며, 육체에 치중하여 양심을 상실시킨 20세기 과학문명은 한마디로 반신불수적인 문명이요, 반숙半熟의 문화라고 말할 수 있다.

21세기에 완숙完熟의 문화를 꽃피워 인류문화의 절정기를 맞기 위해서는 인간과 자연, 정신과 육체, 도덕과 경제의 창조적 결합이 이루어지도록 하지 않으면 안 된다.

대자대비의 정신을 바탕으로 우주와 만물의 인과因果 원리를 설파하는 불교는 우주주의이고, 자연을 예찬하며 인간이 무위자연으로 돌아가 자연과 하나되기를 요구하는 도가는 자연주의이며, 인간이 만물의 영장靈長임을 내세워 윤리와 도덕을 강조하는 유가는 인간주의이다.

불교의 우주주의와 도가의 자연주의, 유가의 인간주의 속에는 오늘 인류사회가 환경파괴·도덕타락·양심상실이라는 3대 중병으로부터 벗어나 21세기를 꿈과 희망의 세기로 열어나갈 수 있는 비전과 해답이 담겨 있다. 오늘의 우리가 동양사상을 알아야 하는 까닭이 바로 여기에 있다.

'에세이 동양사상' 시리즈가 앞으로 현대인 누구나 부담없이 즐겁게 읽으면서도 동양사상을 제대로 파악할 수 있는 길잡이 역할을 할 수 있게 되기를 바라는 마음 간절하다.

끝으로 이 책이 묶여 나오기까지 지원을 아끼지 않은 청년사의 정성현 사장님과 직원 여러분의 헌신적인 노고에 감사드리며, 유가편의 초고를 정리하느라 고생한 임찬경 박사에게도 각별한 고마움을 표한다.

2000년 10월 25일
中玄 沈伯綱

차 례

★ 지식과 깨달음

★ 부귀와 명예는 귀한 것인가

✱ 삶과 죽음은 어떻게 다른가

자유로운 사람

얻고 잃음에 매이지 않은 사람

견오肩吾가 손숙오*에게 물었다.

"자네는 세 번이나 초나라의 재상이 되었으나 그것을 영화로이 생각하지 않았고, 또 세 번이나 그 벼슬에서 쫓겨나와도 걱정하는 빛이 없었네. 사실 나는 처음에는 자네의 그런 담박한 태도에, 의구심을 가졌다네. 그런데 지금은 자네의 여유만만한 모습 속에서 진정 평정한 마음을 볼 수 있게 되었네. 자네는 어떻게 마음을 수양하였는가?"

이에 손숙오가 대답하였다.

"나는 그저 부귀란 오는 것도 물리칠 수 없고, 가더라도 붙잡을 수 없는 것이라 생각하네. 그 얻고 잃음이 내 손에 달려 있지 않다고 여기기 때문에 걱정하는 빛이 없는 것이지. 내가 남보다 나을 것이 뭐가 있겠는가? 또한 나는 고귀한 것이 벼슬에 있는 것인지, 내게 있는 것인지 모른다네. 만일 그것이 벼슬에 있는 것이라면 나와는 관계가 없는 것이요, 내게 있는 것이라면 벼슬과는 관계가 없는 것이네. 나는 장차 아무 걸림도 없는 유유자적한 생활을 보내려고 하거늘, 어느 겨를에 사람의 귀천에 마음을 두겠는가?"

공자는 이 두 사람의 이야기를 듣고 다음과 같이 말했다.

"옛날에 진인眞人은 지자智者도 달래지 못했고, 미인도 유혹하지 못했으며, 도둑도 위협하지 못했고, 복희와 황제도 그를 벗하지 못했고, 죽고 사는 큰 일이라도 그 마음을 변하게 하지 못했다. 하물며 벼슬이나 봉록이겠는가? 그러한 사람의 정신은 태산을 지나도 구애되지 않고, 깊은 못에 들어가도 젖지 않으며, 빈천하게 살아도 피곤하지 않다. 그의 마음은 천지에 가득 차서 무엇이나 남에게 주어도 자기는 더욱더 가지게 되는 것이다."

— [장자] 전자방田子方

* 손숙오孫叔敖 – 춘추시대 초나라 사람

네덜란드의 철학자 스피노자는 필연과 자유의 일치를 주장하면서 신의 섭리에 복종하여 얻는 자유를 진정한 자유라고 강조하였다. 그러나 이것은 신의 지배를 받는 예속적인 자유이지 진정한 자유가 아니다.

영국의 철학자 밀은 《자유론》에서 정치적 피지배자가 지배자로부터 자유를 수호하는 이론을 전개하였다. 그러나 이것 역시 지배자와 피지배자 간의 상대적인 자유이지 절대적인 자유는 아니다.

실존철학의 창시자 니체는 '신은 죽었다'고 선언했다. 그리고 '냉정히 인식하는 자의 눈으로 볼 때 인간은 볼이 붉은 동물에 불과하다. 왜 볼이 붉어졌는가. 그것은 너무 많은 치욕을 겪었기 때문이다. 치욕 그것이 인간의 역사이다'라고 말했다. 그는 기계화와 대중화에 병들고 비소卑小해진 근대인을 비판했다. 니체가 신의 죽음을 선언하고 인간의 대중화도 거부한 채 인간이 나아갈 목표를 주장한 것은 창조적인 자유인, 곧 '초인超人'이 되는 것이었다.

《맹자》 등문공滕文公편에는 이러한 말이 나온다.

"천하를 감싸안을 수 있는 너그러운 마음을 갖고, 천하의 올바른 위치에 서고, 천하의 큰 길을 걷되 뜻을 얻으면 이를 민중과 함께 하고, 뜻을 얻지 못하면 혼자서라도 이 길을 걸어가 부귀도 그 마음을 동요시키지 못하고, 빈천도 그 지조를 바꾸지 못하고, 위엄이나 무력도 그 의지를 좌절시킬 수가 없는, 그런 사람을 대장부라고 한다."[1]

장자가 말하는 진인이란 일체의 세속적인 설득과 유혹, 협박, 권위, 이해, 득실로부터 벗어나 어디에도 걸림이 없는 진정 자유로운 사람이다. 진인, 곧 진정한 자유인이란 니체가 주장한 초인과 맹자가 말한 대장부에 가깝다고 하겠다.

----

1 居天下之廣居 立天下之正位 行天下之大道 得志與民由之 不得志獨行其道 富貴不能淫
  貧賤不能移 威武不能屈 此之謂大丈夫

아무 데도 의지함이 없는 사람

초목이 나지 않는 북쪽 땅에 망망한 큰 바다가 있었다. 이곳이 바로 천지天池이다.

천지에는 곤鯤이라는 물고기가 한 마리 살고 있었다. 곤의 넓이는 수천리나 되었으며 그 길이는 도대체 얼마나 되는지 아는 사람이 없을 정도였다.

그곳에는 또한 붕鵬이라는 새도 한 마리 있었다. 붕새의 등덜미는 태산과 같고 날개는 하늘에 드리운 구름과 같았다. 붕새는 회오리바람을 타고 9만 리를 솟아올라 푸른 하늘을 등지고 남쪽 바다로 가려 하였다.

뱁새는 이를 듣고 붕새를 비웃으면서 말했다.

"붕새는 어디로 가려는 것일까? 우리는 두어 길도 못 날아 풀밭에서 퍼덕거리지만 그래도 무척 즐겁다. 저들은 어디로 간다고 그런 것일까?"

붕새와 뱁새의 차이, 이것이 바로 크고 작음의 차이다. 지식은 한 벼슬을 살 만하고 행실은 한 고을에 적당하며 덕은 한 임금의 요구에 알맞아서 한 나라의 신임을 받을 만한 사람이라도 그들 스스로 보는 눈은 모두 뱁새의 눈과 같다.

송영자*는 뱁새와 같은 이들을 비웃었다. 그는 온 세상이 칭찬해도 그로인해 더 자신만만해지도 않았고, 온 세상이 그르다 해도 위축되지 않았다. 그는 그저 안팎의 분별을 인정하고 영욕의 경계를 분명히 할 따름이었다. 그런 사람은 세상의 명예를 중요하게 여기지 않는다. 하지만 이것만으로는 완전하다고 할 수 없다.

열자列子는 시원하고 유쾌하게 바람을 타고 다니다 보름 만에 돌아오는 사람이었다. 그는 세상에서 복을 구하는 일 따위는 그다지 대수롭게 여기지 않았다. 그러나 열자는 비록 걸어다니는 번거로움은 면했다고 할 수 있지만, 여전히 의지하는데(바람)가 있는 사람이었다.

천지의 바른 기운을 타고 자연의 변화에 적응하여 무궁한 우주에 노닐면서, 시간·공간의 제한을 받지 않는 사람이라면 굳이 무엇에 의지하랴. 그러므로 지인至人은 일체를 다 잊어 자기가 없고, 신인神人은 공적을 추구하지 않고, 성인聖人은 명예를 추구하지 않는다고 하는 것이다.

— [장자] 소요유逍遙遊

* 송영자宋榮子 – 송나라의 현자

송영자처럼 남의 칭찬과 비난에 아랑곳하지 않고 자기 나름대로 뚜렷한 주관을 가지고 사는 사람도 그리 흔치 않다. 적당히 지식과 행실을 갖추고 눈치나 살피면서 부귀영화에만 눈이 먼 뱁새 같은 무리에 비하면 그는 분명 한 차원 높은 위인임이 틀림없다.

열자는 이러한 송영자보다 한 차원 더 높은 위인이라 할 수 있다. 그는 바람을 타고 다니는 사람으로 일종의 신선의 경지에 도달한 사람이기 때문이다. 하지만 열자 역시 바람에 의지해야 하는 사람이다. 지위나 명예, 권력에 의지하는 것과는 다르지만 무엇인가에 의지하고 있다는 점에서는 다른 사람과 다르지 않다.

그래서 장자는 최상의 경지에 들어간 사람으로 아무 데도 의지함이 없는 '지인'을 말하였다.

지인이란 어떤 사람인가. '무기無己', 곧 모든 세속적인 데서 벗어나고 '나'라는 그 자체까지도 초월한 사람을 일컫는다. 무기는 아마도 공자가 말한 '극기克己의 상태'를 극대화한 것이 아닐까 여겨진다. 지인은 《장자》 대종사大宗師편에 보이는 대로 '바야흐로 조물주와 벗이 되어 천지와 동일한 기운에서 노닌다(方且與造物者爲友 而遊乎天地之一氣)'는 사람이다. 마음을 비우고 가슴을 열고, 너와 내가 따로 없고 천지 자연과 하나가 되어, 공간과 시간 그 어디에도 의지함과 걸림이 없이 자유자적하게 살아가는 장자의 이상형 인간 '지인', 곧 '지극한 사람'이야말로 현대의 언어로 바꿔 말한다면 '진정한 자유인'이 아니겠는가.

하이네는 '영국인은 자유를 법률상의 처와 같이 사랑하고, 프랑스인은 자유를 신부처럼 사랑하며, 독일인은 자유를 늙은 할머니처럼 사랑한다'고 했다.

모든 사람은 기본적으로 자유를 원하지만 그것을 사랑하는 농도는 사람과 민족에 따라서 각기 다르기 마련이다. 장자는 자유가 속박당하는 것을 그 무엇보다 싫어한 사람이었다. 우연이나 필연 그 어디에도 예속되는 것을 원치 않았다. 장자야말로 자유를 자신의 신부 이상으로 사랑한, 아니 자신의 생명보다도 소중하게 여긴 철저한 자유 지상주의자였다고 할 수 있다.

《장자》는 소요유편에서 시작된다. 소요유란 인간이 모든 구속과 구애를 초월하여 자유자적하는 것을 의미한다. 이를 통해 볼 때도 우리는 장자 철학의 중심 주제가 인간의 자유에 대한 탐구와 추구에 있음을 알게 된다. 장자의 자유 지상 정신은 이 소요유편에서 부귀와 공명을 대수롭게 여기지 않는 송영자, 바람에 의지하는 열자, 아무 데도 의지함이 없는 지인의 모습을 통해 잘 드러나고 있다.

벼랑 위에서도 평지의 마음을
유지하는 사람

열자가 백혼무인*을 위해서 활을 쏘았다. 활을 잔뜩 당겼을 때 그의 왼팔은 곧고 편편해서 그 위에 물잔을 얹어두어도 엎어지지 않을 만큼 고요하였다. 화살을 쏠 때는 하도 빨라서 화살이 떠났는가 하면 어느새 또다른 화살이 시위 위에 놓여 있었다. 이럴 때 열자는 마치 나무인형처럼 보였다.

백혼무인이 말했다.

"이것은 결국 쏜다는 마음을 가지고 쏘는 활쏘기이지, 쏜다는 마음 없이 쏘는 활쏘기가 아니다. 이제 시험삼아 너와 함께 높은 산에 올라가 위태로운 바위를 딛고 밑으로 백 길이나 되는 깊은 못 위에 서보려고 하는데, 그래도 너는 능히 활을 잘 쏠 수 있겠느냐?"

백혼무인과 열자는 드디어 높은 산에 올라가 바위 위에 섰다. 백혼무인은 열자에게 앞으로 나오라고 손짓하였다. 열자는 두려워 땅에 엎드렸다. 그의 발꿈치까지 땀이 흘러내렸다.

백혼무인이 말했다.

"대개 지인은 위로는 푸른 하늘을 엿보고, 아래로는 땅밑에 잠기며, 팔방을 자유로이 날아다녀도 신기神氣가 조금도 변하지 않는다. 그런 데 너는 마음이 두려워 눈이 멍해지는 구나. 활을 쏘아도 과녁을 맞힐 가망이 거의 없도다!"

— [장자] 전자방

* 백혼무인伯昏無人 – 옛 현인

맹자는 환경에 따른 인간의 변화에 대해 다음과 같이 말했다.

"젊은 사람들은 풍년에는 대체로 선량하고 흉년에는 포악하다. 이것은 하늘이 내려준 재질이 때에 따라 달라서가 아니다. 흉년에는 다만 생활이 궁핍 속에 빠지기 때문에 결과적으로 마음이 포악해지 는 것이다."[1]

맹자의 말처럼 인간은 본질적으로 선한 사람과 악한 사람으로 구 별되는 것이 아니라, 외적인 생활 환경이 좋으냐 나쁘냐에 따라서 선량하게도 포악하게도 되기 마련이다.

그러나 모든 사람이 다 환경의 지배를 받는 것은 아니다. 《중용》 은 환경의 지배를 당하지 않는 군자의 모습을 다음과 같이 그리고

---

1 《맹자》 고자告子 富歲 子弟多賴 凶歲 子弟多暴 非天之降才 爾殊也 其所以陷溺其心者 然也

있다.

"군자는 현재 자신이 처한 위치에서 당연히 해야 할 일에 최선을 다하고 그 밖의 다른 것은 원하지 않는다. 현재 부귀한 상태에 있으면 부귀함에 마땅한 도리를 행하고, 현재 빈천한 상태에 있으면 빈천함에 마땅한 도리를 행하며, 현재 오랑캐의 경우에 처해 있으면 오랑캐의 마땅한 도리를 행하고, 현재 환난에 처해 있으면 환난에서 마땅히 해야 할 도리를 행한다. 그러므로 군자는 어떤 환경에 처해도 만족하지 않는 경우가 없다."[2]

장자는 위의 이야기에서 활쏘기의 비유를 통해 환경의 변화에도 자유자재하는 지인의 경지를 말하고 있다. 위로는 푸른 하늘부터 아래로는 땅밑에 이르기까지 온 우주 어느 곳에서도 정신과 기운이 조금도 변치 않는 지인의 경지는, 단순히 외부의 환경에 지배를 받지 않는 차원을 넘어서는 것이다. 주어진 환경을 자기편에서 주도하는, 곧 환경의 변화를 지배하는 것이라고 할 수 있다.

환경의 변화에 순응하여 의연히 대처하는 것이 유가의 군자라고 한다면, 환경의 변화에 초연하여 자유 자재로운 것이 도가의 지인의 경지라고 말할 수 있다. 이러한 지인이야말로 진정한 자유인이 아니겠는가!

잠자리만 바뀌어도 잠을 제대로 이루지 못하며 사는 것이 오늘날 우리의 모습이다. 환경의 주인으로서 살기 위해서는 동양의 군자와 지인의 경지를 배우는 노력이 필요할 것이다.

....

2 君子 素其位而行 不願乎其外 素富貴 行乎富貴 素貧賤 行乎貧賤 素夷狄 行乎夷狄 素患難 行乎患難 君子無入而不自得焉

슬픔도 즐거움도 끼어들 수 없는 사람

자사, 자여, 자려, 자래 네 사람이 모여 이야기를 나누고 있었다.

"누가 과연 무無를 머리로 여기고, 삶을 등뼈로 여기며, 죽음을 뒤꽁무니로 여길 수 있을까? 또 누가 죽음과 삶, 있음과 없음이 하나임을 알 수 있을까? 내 그와 더불어 벗하리라."

네 사람은 서로 돌아보고 웃었다. 그들은 서로 마음이 부합되어 벗이 되었다.

얼마 뒤 자여가 앓아 누웠다. 자사가 문병을 가니 자여가 말했다.

"위대하도다! 저 조물주는 장차 나를 곱사등이로 만들려나 보다. 등덜미는 꼬부라지고, 오장은 머리 위에 있고, 턱은 배꼽에 감추어지고, 어깨는 정수리보다 높고, 목뼈는 하늘을 가리키고 있구나. 이는 음양의 두 기운이 어지러워진 까닭이다!"

그러나 자여의 마음은 평온하여 아무 일도 없는 듯했다. 자여는 비틀걸음으로 우물에 나아가 얼굴을 비춰 보고 말했다.

"아! 저 조물주는 장차 나를 곱사등이로 만들려고 하는구나."

자사가 물었다.

"자네는 그 병을 혐오하지 않는가?"

"내가 왜 병을 혐오하겠는가? 만일 병이 점점 깊어져 내 왼팔을 닭처럼 만든다면, 나는 왼팔이 내게 새벽을 알리기를 바라겠네. 만일 오른팔이 탄알 모양으로 변한다면 나는 그것으로 올빼미를 잡아서 구이를 하겠네. 또 만일 내 척추 꼬리뼈가 수레바퀴처럼 되고 내 정신이 말처럼 변한다면, 나는 이 마차에 오를 뿐 따로 탈것을 구하지 않겠네. 무릇 이 세상에 나오는 것은 다 때를 따라 오는 것이요, 세상을 떠나는 것도 제각기 갈 차례를 따르는 것이라네. 그러므로 그 때를 따라 편안하고 그 변화에 순응한다면 슬픔도 즐거움도 끼어들 수 없지. 이것이 이른바 모두 구속에서 벗어난다는 것이라네. 스스로 구속에서 벗어나지 못하는 사람은 사물에 얽매여 있기 때문이야. 사물이 원래 하늘을 이기지 못하는 것이거늘 내가 어찌 이 병을 혐오하겠는가?"

— [장자] 대종사大宗師

영국의 세계적인 극작가 버나드 쇼가 한 신문기자로부터 질문을 받았다.

"낙천주의자와 염세주의자의 차이는 무엇입니까?"

버나드 쇼는 이렇게 대답했다.

"간단하지요. 술병에 술이 절반쯤 남아 있다고 합시다. 그것을 보고 '아직도 절반이나 남아 있네' 하고 기뻐하는 것이 낙천주의자이고,

'이제 절반밖에 안 남았네'라고 탄식하는 것이 염세주의자이지요."

물론 매사를 비관적인 기분에 사로잡혀 우울하게만 바라보는 염세주의자보다는 모든 것이 잘 되어간다고 긍정적으로 생각하며 즐겁게 사는 낙천주의자가 한결 나을 것이다. 그러나 장자의 시각에서 본다면 염세주의뿐만 아니라 낙천주의도 그다지 바람직한 것은 아니다. 왜냐하면 둘 다 기쁨과 슬픔에 마음을 빼앗겼다는 점, 즉 즐거움과 슬픔이 마음에 끼어들었다는 점에서는 마찬가지이기 때문이다.

소나기가 그치면 해가 나듯이, 슬픔 뒤에는 기쁨이 온다. 맑은 날씨가 다시 흐려지듯이, 달콤한 기쁨은 깊은 슬픔을 자아낸다. 산다는 것은 기쁨과 슬픔이라는 두 개의 씨줄과 날줄로 엮여 있다. 진정 행복하고 자유로운 인생을 살고 싶다면 여기에서 해방되어야 한다.

《채근담》에는 이런 말이 나온다.

"아들이 태어나면 어머니가 위태롭고 전대에 돈이 쌓이면 도둑이 엿보나니, 어느 기쁨이 근심 아니랴. 가난은 용도를 절약케 하고 질병은 몸을 보전케 하나니, 어느 근심이 기쁨 아니랴. 그러므로 달인達人은 마땅히 순조로움과 역경을 동일하게 보고 기쁨과 슬픔 둘 다 잊어버려야 한다."

인간의 감정에는 희로애락이 없을 수 없다. 그러나 밖에서 벌어지는 상황만을 좇아서 일희일비一喜一悲하다 보면, 외부의 사물에 이끌려 종처럼 살게 되고 자기 삶의 주인으로서 자유롭게 살 수 없다.

그렇다면 희로애락의 감정을 지니면서도 자유인의 삶을 사는 길은 무엇인가? 어떻게 해야 장자가 말한 즐거움도 슬픔도 끼어들 수 없는 삶을 살 수 있는가?

다음의 세 인물을 통해서 우리는 이에 대한 해답을 얻을 수 있다.

공자는 관저關雎의 시를 논하면서 이렇게 말했다.

"즐거워하되 즐거움에 빠지지 않고, 슬퍼하되 슬픔에 상처를 입지 않는다."[1]

《장자》에는 위의 질문과 관련해 여러 구절이 나온다.

"세상에 순응하면서도 자기 자신을 잃지 않는다."[2]

"겉은 사물에 따라 순응하지만 속마음은 움직이지 않는다."[3]

"스스로 자기 마음을 주인으로 하는 사람은 눈앞에 어떤 일이 일어나도 슬픔과 즐거움으로 흔들리지 않는다."[4]

"내가 감정이 없다고 한 것은, 좋아하고 싫어하는 감정으로써 안으로 자기 몸을 해치지 않고 항상 자연에 따를 뿐 인위를 보태지 않는 것을 의미한다."[5]

옛날 한 선사는 마음을 달에, 세상을 물에 비유하여 다음과 같은 시구를 읊었다.

색즉시공 공즉시색
버들은 푸르고 꽃은 붉도다
밤마다 물 위로 달이 지나가지만
자취도 머무르지 않고 그림자도 남기지 않는다.

....

1 樂而不淫 哀而不喪
2 《장자》외물外物 順人 而不失己
3 《장자》지북유知北遊 外化而內不化
4 《장자》인간세人間世 自事其心者 哀樂不易施乎前
5 《장자》덕충부德充符 吾所謂無情者 言人之不以好惡 內傷其身 常因自然 而不益生也

장자 철학은 부자유한 현실 속에서 자유로운 인간이 될 수 있는
방법을 밝혀 놓은 것이 특징이다. 인간 자유에 대한 끝없는 추구를
통해 사회의 도구로서의 인간 존재를 거부하고 우주의 주체로서의
삶을 강조한 것이 장자 철학의 진수인 것이다.

　　이처럼 부자유 속의 자유를 추구한 장자의 정신은, 자신의 몸이
흉한 몰골로 변해가는데도 기쁨과 슬픔을 다 잊어버린 채 평온한 마
음으로 살아가는 자여를 통해서 잘 나타나 있다고 하겠다.

마음이 자유로운 사람

순임금이 선권*에게 천하를 물려주려 하자 선권이 말했다.

"나는 겨울에는 가죽옷이나 털옷을 입고 여름에는 칡으로 짠 베옷을 입는다. 봄에는 몸이 밭 갈고 씨 뿌리는 데 족하고, 가을에는 곡식을 거두어 먹고 쉬기에 족하다. 해가 뜨면 들에 나가 농사짓고 해가 지면 집에 들어와 쉰다. 천지 사이에서 얽매인 데 없이 생활하여 마음이 자유롭다. 그런 내가 무엇하러 천하를 다스리는 일을 하겠는가. 슬프다. 당신은 나를 모르는구나!"

선권은 천하를 받지 않고 깊은 산으로 들어가버렸다. 그 뒤로는 그가 있는 곳을 아무도 몰랐다.

— [장자] 양왕讓王

* 선권善卷 – 요순 때의 은자

"해가 뜨면 일하고 해가 지면 휴식을 취하며 우물을 파서 물 마시고 밭을 갈아 식사를 해결하니 임금이 나에게 무슨 소용이 있겠는가."[1]

《제왕세기帝王世紀》에 실린 이 노래는 요임금 시대에 백성들이 흙덩이를 두드리며 부르던 것이라고 한다. 노래 가사 속에는 때묻지 않은 마음을 가지고 천진난만하게 살았던 옛 사람들의 자연인, 자유인으로서의 모습이 잘 드러나 있다.

《이솝 우화》에는 다음과 같은 이야기가 나온다.

도시에 사는 집쥐가 들쥐의 집에 초대받아 갔다. 그런데 집쥐는 들쥐의 너무도 가난한 살림살이와 보잘것없는 대접에 실망했다. 다음에는 집쥐가 들쥐를 초대하였다. 두 마리 쥐는 좋은 집에 앉아 훔쳐온 음식으로 차린 진수성찬을 맛있게 먹고 있었다. 그때 갑자기 사람이 들어왔다. 들쥐는 깜짝 놀랐다. 들쥐는 아무리 맛있는 음식이라도 좌불안석하며 먹는 것보다는 차라리 변변치 않은 것이라도 유유히 즐기며 먹는 것이 좋다면서 제 집으로 돌아갔다.

이 우화는 기름진 빵보다는 매인 데 없는 자유가 중요하다는 것을 극적으로 묘사한 이야기이다.

자유란 무엇인가. 어디에도 예속되지 않고 어떠한 경우에도 구속받지 않는 것이다. 그 자유는 신이 주는 것도 통치자가 주는 것도 아니다. 참된 의미의 자유는 곧 자신의 마음으로부터 나오는 것이

---

1 日出而作 日入而息 鑿井而飲 耕田而食 帝何力於我哉

다. 마음이 자유로우면 비록 양손에 수갑을 차고 두 발에 족쇄를 달고 있다 해도 자유로운 사람이고, 마음이 자유롭지 않으면 비록 멀쩡하게 활개를 치고 다니더라도 노예의 굴레를 쓰고 있는 사람이다. 마음에 자유가 없다면 아무리 다른 모든 것이 자유롭다 하더라도 무슨 소용이 있겠는가. 경제적인 자유, 정치적인 자유 등도 물론 중요하지만, 진정한 자유란 실로 마음이 자유로운 것이다.

그러면 어떻게 해야 이와 같은 정신적인 자유를 얻을 수 있는가. 인간은 인간을 속박하는 세 개의 밧줄인 돈, 명예, 권력과의 관계를 초월했을 때 비로소 그러한 자유를 얻을 수 있다. 선권의 얽매임 없는 삶을 묘사한 위의 이야기 속에는 바로 돈과 명예와 권력의 노예가 되어 마음이 자유롭지 않은 공인으로 살기보다는 마음이 자유로운 자연인으로 살기를 바랐던 장자의 관점이 잘 나타나 있다.

공자는 제자인 자공이 '빵(食)과 신의(信) 중에서 부득이 하나를 버려야 한다면 무엇을 버려야 합니까'라고 물었을 때, '빵을 버려야 한다'고 잘라 말했다. 만일 장자가 '빵과 자유 중에 무엇을 버려야 하는가'라는 질문을 받았다면, 아마도 단호히 '빵을 버려야 한다'고 답했을 것이다.

장자야말로 지위나 명예보다도 자유를 더 사랑하고, 살찐 노예가 되는 것보다는 여윈 자유인이 되기를 더 원한 진정한 자유인이었다고 할 수 있다.

죽음조차 잊고 사는 사람

어떤 이를 진인이라고 하는가?

옛날의 진인은 역경을 거스르지도 않고, 성공을 뽐내지도 않으며, 구태여 어떤 일을 꾀하려고도 하지 않았다. 시기를 놓쳐도 후회하지 않고, 일이 제대로 잘 되어도 얻은 체를 하지 않았다. 또한 높은 데 올라가도 무서워 떨지 않고, 물에 들어가도 젖은 줄을 모르며, 불에 들어가도 뜨거워하지 않았다. 이것은 진인의 앎이 도의 가장 높은 경지에까지 이르렀다는 증거이다.

진인은 잠을 잘 때도 꿈을 꾸지 않고 깨어 있어도 걱정이 없다. 음식에는 유달리 즐기는 것이 따로 없고, 숨결은 깊고 고요하다. 삶을 기뻐할 줄도, 죽음을 싫어할 줄도 모른다. 세상에 태어나는 것을 좋아하지도 않고, 세상에서 떠나는 것 역시 거절하지 않는다. 그저 선선히 가고 선선히 올 뿐이다. 제 근원을 잊지 않는 동시에 제 끝나는 바를 추구하지도 않는다. 삶은 이미 받았는지라 그대로 기뻐 지내며, 죽을 때는 죽음조차 잊고 도로 자연에 돌려보낸다. 이를 일러 '하찮은 사람의 지식으로 도를 해치거나 자연을 돕거나 하지 않는 것'이라 한다. 이렇게 하는 이를 진인이라 일컫는다.

그런 사람은 마음이 모든 것을 잊어버리고 얼굴은 고요하며 이마는 크고 널찍하다. 항상 시원하여 가을과 같고 항상 훈훈하여 봄과 같다. 기쁨이나 성냄은 사시四時와 통하고 사물에 잘 조화되어서 그 끝간 데를 알 수 없다.

— [장자] 대종사

위의 이야기는 어떤 사람을 진인이라고 하는가에 대해 비교적 상세히 언급하고 있다. '물에 들어가도 젖은 줄을 모르며, 불에 들어가도 뜨거워하지 않았다'는 표현은 얼핏 들으면 좀 과장된 표현처럼 여겨질 수 있다. 그러나 그것이 도의 가장 높은 경지에 이른 증거라고 하니, 그 경지에 가보지 않고서 성급하게 부정부터 하는 것도 현명한 태도는 아닐 것이다.

진인은 삶과 죽음 그 어디에도 얽매이지 않고 자유 자재로운 삶을 사는 사람, 곧 세속적인 욕망이나 집착을 떠난 것은 말할 것도 없고, 한걸음 더 나아가 죽음에 대해서도 초연한 사람이다.

공자는 자기 자신을 이렇게 평가한 적이 있다.

"진리에 대한 열정과 환희로 밥 먹는 것도 잊어버리고 모든 시름을 잊어 장차 늙음이 다가올 것도 모른다."[1]

공자는 또 송나라에서 환퇴桓魋의 공격을 받아 생명의 위협을 느껐을 때에도 생사에 초연한 모습을 보여주었다.

"하늘이 나에게 덕을 부여하였는데 환퇴가 나에게 어떻게 할 수 있겠는가."[2]

불교의 《반야심경》에는 이러한 말이 있다.

"마음이 아무 데도 걸림이 없다. 아무 데도 걸림이 없기 때문에 그로 인해 공포가 없어지고 온갖 잘못된 환상을 멀리 여의어 마침내 열반의 경지에 들게 된다."[3]

이를 통해 본다면 유가의 성인, 불교의 부처, 도가의 진인은 마음이 아무 데도 걸림이 없이 죽음조차도 잊고 사는 자유인이라는 점에서 공통점을 갖는다.

독일의 철학자 칸트는 코로만 숨쉬는 것을 원칙으로 하여, 걷고 있을 때에는 결코 말을 하지 않았다. 또 땀 흘리는 일을 하지 않고, 자기가 고용하지 않은 마차에는 절대로 타지 않는다는 원칙도 갖고 있었다. 그리고 그는 만년에 자신이 살던 쾨니히스베르크 시의 고령자 일람표를 만들어, 죽은 사람의 이름을 차례로 지워가며 자기가 고령자의 상위로 올라가는 것을 낙으로 삼았다. 칸트는 매우 원칙에 충실했고 장수에 대해서도 상당한 애착을 가졌던 사람이다. 이러한 칸트는 삶과 죽음에 얽매여 산 사람이지 결코 삶과 죽음의 손아귀로부터 초연했던 진정한 자유인은 아니었다.

진정한 자유인으로 살고자 한다면 서양의 칸트를 배워야 할 것인

....

1 《논어》술이述而 發憤忘食 樂以忘憂 不知老之將至
2 《논어》술이 天生德於予 桓魋其如予何
3 心无罣碍 无罣碍故 无有恐怖 遠離顚倒夢想 究竟涅槃

가, 동양의 진인과 성인을 본받아야 할 것인가? 동양 사상을 잃어버리고 맹목적인 서구 지향에 빠진 사람들은 하루 빨리 자신의 올바른 지향점을 깨달아야 할 것이다.

운명을 지배하는 힘을 가진 사람

양주楊朱가 말했다.

"사람들이 휴식을 취하지 못하는 것은 네 가지 일 때문이다. 첫째는 장수, 둘째는 명예, 셋째는 지위, 넷째는 재물이다. 이 네 가지에 얽매인 사람은 귀신을 두려워하고 사람을 두려워하며 권세를 두려워하고 형벌을 두려워한다. 이런 사람을 두고서 자연의 이치를 위반한 사람이라고 말한다. 그는 죽음도 삶도 모두 외부의 지배를 받는다.

그러나 운명을 거스르지 않는다면 어찌 장수를 부러워하겠는가? 귀함을 대단하게 보지 않는다면 어찌 명예를 부러워하겠는가? 권세를 추구하지 않는다면 어찌 지위를 부러워하겠는가? 부를 탐하지 않는다면 어찌 재물을 부러워하겠는가?

이런 사람은 자연의 이치를 따르는 사람이라 말한다. 그는 천하에 대적할 이가 없으며 운명을 지배하는 힘을 자신의 내부에 갖고 있다."

— [열자] 양주楊朱

불교에서는 인간의 욕망을 다섯 가지로 나누어 말한다. 재물욕, 성욕, 식욕, 명예욕, 수면욕이 그것이다.

이에 비해 유가에서는 인간의 욕망을 두 가지로 요약한다.

"음식과 남녀에 인간의 커다란 욕구가 존재한다."[1]

불교는 이상적인 종교라서 인간의 욕망을 구체적으로 밝혀서 금욕할 것을 주장한 반면, 유가는 현실적인 사상이라서 절제해야 할 욕망 중 가장 중대한 식욕과 성욕만을 지적해서 경계하였다.

열자는 위의 이야기에서 사람들이 휴식하지 못하는 요소로 장수(壽), 명예(名), 지위(位), 재물(貨)의 네 가지를 들었다. 이 네 가지 일(四事)은 유가에서 말한 두 가지 욕망과 불교의 오욕五欲을 절충한 감이 있는데, 현실사회에 비춰볼 때 좀더 설득력이 있다고 하겠다.

사람은 누구나 정도의 차이는 있지만 욕심이 있다. 그 중에서도 특히 오래 살려는 욕심, 유명해지려는 욕심, 좋은 자리를 차지하려는 욕심, 돈 많이 벌려는 욕심 등은 누구나 갖고 있을 것이다. 이런 욕심들 때문에 인간은 몸과 마음이 자유롭지 못하고 결국 피로와 공포에 싸여 고달픈 삶을 살게 된다. 열자는 위에서 물욕에 대한 집착으로 인해 겪는 인간의 고초를 구체적으로 들었다. 즉, 오래 살기를 바라는 사람은 귀신을 두려워하고, 명예를 추구하는 사람은 다른 사람을 두려워하고, 지위를 얻고자 하는 사람은 권세를 두려

---

1 《예기》 예운禮運 飮食男女 人之大欲 存焉

워하고, 재물을 갖고자 하는 사람은 형벌을 두려워하게 된다는 것이다.

인간이 이러한 초조와 불안에 허덕이는 속박된 인생에서 벗어나 자신이 자기 삶의 주인으로서 자유롭게 사는 길은 무엇인가?

열자는 자연의 이치를 따라 운명을 거스르지 않고, 귀함을 뽐내지 않고, 권세를 추구하지 않고, 부를 탐내지 않는 삶을 살라고 말한다. 욕망을 버리고 자연의 이치에 따라 살 때 비로소 몸과 마음이 자유로워질 수 있다는 것이다.

몸과 마음이 자유로운 사람은 욕망에 끌려다니는 노예로서가 아니라 자신의 삶을 자기가 지배하는, 이 세상의 주인으로 당당히 살아갈 수 있는 것이다.

세상 사는 지혜

빈 배와 사람이 탄 배

배 두 척이 나란히 강물을 건너고 있을 때, 자신이 탄 배에 빈 배가 와서 부딪친다면 아무리 성미가 급한 사람이라도 성내지 않을 것이다. 그러나 배 안에 한 사람이라도 타고 있다면 곧 그 사람에게 배를 돌리라 거나 후퇴시키라고 소리칠 것이다. 한 번 소리쳐 듣지 않고 두 번 소리쳐도 듣지 않으면, 세 번째는 필시 고함을 치며 욕설을 퍼부을 것이다.

사람도 만일 자기를 비우고 세상을 살아간다면 누가 그를 해칠 것 인가?

— [장자] 산목山木

장자는 사람이 탄 배와 빈 배의 비유를 들어서 세상을 살아가는데 있어 겸허함의 중요성을 알기 쉽게 강조하고 있다. 동서양의 현자들

은 겸손을 몸소 실천하였고 또 겸손에 대한 많은 가르침을 남겼다.

《서경》에는 요임금의 덕을 표현하여 '진실로 공손하고 능히 겸양하여 그 빛이 널리 온 천하에 미쳤다(允恭克讓 光被四表)'라고 하였다.

《논어》에는 자공이 공자의 덕에 대해 '온화함(溫), 선량함(良), 공손함(恭), 검소함(儉), 겸양함(讓)'으로 묘사한 대목이 나온다.

공자는 '주공과 같은 아름다운 재주를 소유했다고 하더라도 교만하고 인색하다면 그런 사람은 더 이상 볼 것이 없다(如有周公之才之美 使驕且吝 其餘 不足觀也已)'라고 하였다.

노자는 '나에게 세 가지 보배가 있는데 그 중 하나는 남의 앞에 잘난체하고 나서지 않는 것이다(不敢爲天下先)'라고 하였다.

또한 《구약성서》에는 '교만에는 재난이 따르고 겸손에는 영광이 따른다'는 가르침이 나온다.

《탈무드》에서는 '그대는 자신의 적당한 자리보다 낮은 자리를 잡아라. 남으로부터 내려가시오라는 말을 듣느니보다 올라가시오라는 말을 듣는 편이 낫다'고 충고한다.

참다운 겸손은 모든 미덕의 어머니다. 그러나 교만은 많은 적을 만들고 결국 인간을 파멸로 몰고가기 마련이다.

이 풍진 세상을 지혜롭게 헤쳐나가기를 바란다면 빈 배와 같은 겸허한 마음으로 살아가야 옳지 않겠는가.

사람 보는 아홉 가지 방법

공자는 말했다.

"무릇 사람의 마음은 그 험하기가 산천보다 더하고, 알기는 하늘보다 더 어려운 것이다. 하늘에는 그래도 봄, 여름, 가을, 겨울의 사계절과 아침, 저녁의 구별이 있지만, 사람은 꾸미는 얼굴과 깊은 감정 때문에 알기가 어렵다. 외모는 진실한 듯하면서도 마음은 교활한 사람이 있고, 겉은 어른다운 듯하면서도 속은 못된 사람이 있으며, 겉은 건실한 듯하면서도 속은 나태한 사람이 있으며, 겉은 너그러운 듯하면서도 속은 조급한 사람이 있다. 또한 의義로 나아가기를 목마른 사람이 물을 찾듯 하는 사람은 의를 버리기도 뜨거운 불을 피하듯 한다. 그러므로 군자는 사람을 쓸 때에 먼 곳에 심부름을 시켜 그 충성을 보고, 가까이 두고 써서 그 공경을 보며, 번거로운 일을 시켜 그 재능을 보고, 뜻밖의 질문을 던져 그 지혜를 보며, 급한 약속을 하여 그 신용을 보고, 재물을 맡겨 그 어짊을 보며, 위급한 일을 알리어 그 절개를 보고, 술에 취하게 하여 그 절도를 보며, 남녀를 섞여 있게 하여 그 이성에 대한 자세를 보는 것이니, 이 아홉 가지 결과를 종합해서 놓고 보면 사람을 알아볼 수 있게 되는 것이다."

— [장자] 열어구列禦寇

우리 속담에 '열 길 물 속은 알아도 한 길 사람 속은 모른다'는 말이 있다. 사람을 겉만 보고 그대로 믿었다간 큰코다친다는 의미다.

공자가 처음에는 말하는 것을 듣고 그 사람을 믿었는데, 제자 재여宰予가 평소 말은 그럴듯하게 하면서도 실천이 형편없는 것을 보고 난 후부터 말하는 것을 듣고 난 후 다시 그 실천 여부를 관찰하는 식으로 사람 보는 방법을 고쳤다는 내용이 《논어》에 보인다.

맹자는 사람 보는 방법에 대해 다음과 같이 말했다.

"사람이 간직한 것 중에 눈동자만큼 위대한 것은 없다. 눈동자는 거짓말을 하지 못한다. 마음속이 바르면 눈동자가 명료하고 마음속이 바르지 않으면 눈동자가 혼탁하다. 사람을 관찰할 때 그 말을 들어보고 나서 또 눈동자를 관찰한다면 사람이 어찌 숨길 수가 있겠는가?

장자는 위에서 공자의 입을 빌어 사람 보는 방법을 아홉 가지로 나누어 구체적으로 이야기하였다.

먼 곳에 심부름을 보내보기도 하고, 번거로운 일을 시켜보기도 하고, 뜻밖의 질문을 던져보기도 하고, 급한 약속을 해보기도 하면서, 그 충성과 능력, 지혜와 신용 등 아홉 가지 덕목을 살핀다는 《장자》의 내용은 오늘의 사회에 비추어 보아도 조금도 손색없는 현실성 있는 지침이다.

인간관계가 중심이 되는 세상살이에서 사람 보는 안목을 제대로 갖추는 일은 그야말로 지혜 중의 지혜에 속한다. 맹자가 권한 눈동자를 관찰하는 방법과 장자가 말한 아홉 가지 사람 보는 방법을 잘 활용한다면 열 길 물 속보다 더 깊은 사람 속을 훤히 들여다볼 수도 있지 않을까.

쓸모없음의 쓸모있음

혜자가 장자에게 말했다.

"자네의 이야기는 실제에 있어서는 아무런 쓸모가 없네."

"쓸모없는 것을 알아야지 비로소 쓸모있는 것도 이야기할 수 있는 것이네. 가령 저 땅이 아무리 넓고 커도 사람이 쓰는 것은 걸을 때 발을 딛는 좁은 공간일 뿐이네. 그렇다고 발 디딘 곳만 남겨두고 그 나머지 땅을 모두 파내어 황천黃泉까지 이르게 한다면, 사람들이 밟고 서 있는 그 땅이 쓸모있을 수 있겠는가?"

"그 땅은 쓸모가 없을 것이네."

"그러니 쓸모없음의 쓸모있음 또한 분명한 것이 아니겠는가."

— [장자] 외물外物

장자는 친구 혜자로부터 '자네 말은 쓸모가 없다'는 지적을 받았다. 아마도 혜자는 장자가 평소에 하는 말이 지나치게 역설적이거나 추상적이거나 현실성이 결여되었다고 느꼈던 듯하다.

혜자의 지적에 대해 장자는 쓸모없음의 쓸모있음을 간단명료하게 증명하였다. 촌철살인寸鐵殺人이라는 말은 이를 가리켜 하는 말이 아니겠는가!

노자도 다음과 같이 말한 바 있다.

"수레바퀴의 중간에 공간이 없다면 수레바퀴의 작용이 있을 수 없고, 도자기의 중간에 공간이 없다면 도자기의 작용이 있을 수 없으며, 가옥의 중간에 공간이 없다면 가옥의 작용이 있을 수 없다."

그림을 그릴 때 한 치의 여백도 없이 가득 차게 그리면 답답해 보이기 마련이다. 적당한 여백이 남았을 때라야 오히려 짜임새 있게 보이는 것이다. 마찬가지로 주판을 한 치의 공간도 없이 모두 주판알로 채운다면 결국 무용지물이 되고 만다. 주판알을 움직일 수 있는 공간을 적절히 남겨둬야 비로소 주판이 제 기능을 발휘할 수 있는 것이다. 그림 속의 여백과 주판 위의 공간은 쓸모있음을 위한 쓸모없음이라 할 것이다.

사람들은 언제나 쓸모있는 것과 쓸모없는 것을 구분하여 당장 쓸모있는 것에만 관심을 기울이며 살아간다. 장자는 이런 사람들에게 쓸모없는 것의 쓸모있는 원리를 일깨우려 했던 것이다. 세상을 살아가면서 쓸모있는 것은 물론이고, 쓸모없는 것이 지니고 있는 쓸모있음도 항상 염두에 둔다면, 그 삶은 보다 쓸모있는 삶이 되지 않을까.

좋은 재목이 먼저 잘린다

송나라의 형지莉氏라는 곳은 가래나무, 잣나무, 뽕나무 등이 잘 자라는 곳이다. 그런데 그 나무들 가운데 한두 줌 되는 것은 원숭이를 잡아맬 말뚝을 찾는 사람들이 베어가고, 서너 아름 되는 것은 큰 집의 들보감을 찾는 사람들이 베어가고, 일고여덟 아름 되는 것은 귀인이나 부상富商들이 통널감으로 쓰려고 베어간다. 그래서 이 나무들은 천수를 다하지 못하고 중도에 도끼날에 요절하고 만다. 이것이 바로 쓸모 있는 좋은 재목들이 겪는 환난이다.

예로부터 이마가 하얀 소, 코가 높은 돼지, 그리고 치질을 앓는 사람 등은 하신河神의 제물로 강에 던져지는 일이 없다. 이러한 것들이 제물로서 좋지 않다는 것은 무당들이 모두 알고 있는 일이다. 이것들이 상서롭지 못하다고 여기기 때문이다. 그러나 이것이야말로 신인神人들이 크게 상서로운 것으로 여기는 것이다.

— [장자] 인간세人間世

북송 말년의 명장 악비岳飛는 침략군인 금나라 병사들을 물리치고 잃어버린 조국 땅을 회복하기 위해 진력한 사람이다. 그러나 그는 억울하게도 당시 집권자였던 진회秦檜로부터 역적 모의를 했다는 모함을 받고 체포되어 참혹하게 살해당한다. 이때 그의 나이 겨우 39세였다.

조선조 중종 때의 성리학자 조광조는 도덕정치의 이상을 실현해 보려다 기득권층인 원로중신들의 반대에 부딪혀 결국 남곤南袞일파에게 역적으로 몰려 처형을 당했다. 이때 그의 나이 38세였다. 세조 때의 명장 남이 장군 역시 그를 시기하던 유자광의 모함으로 제대로 뜻을 펴보지도 못한 채 20대의 젊은 나이에 죽음을 당했다. 또한 인조 때의 명장 임경업 장군은 김자점의 모함으로 중년의 나이에 목숨을 잃고 말았다.

예컨대 이런 일들은 장자가 말한 대로 좋은 재목이 먼저 잘린 예들일 것이다. 자기보다 잘난 사람을 시기 질투하여 중간에 꺾어버린 사례는 이 밖에도 역사 속에서 수없이 많이 찾아볼 수 있고, 지금도 암암리에 여전히 벌어지고 있다.

'길흉화복이란 세 겹으로 꼰 노끈과 같다'는 말이 있고, '인간만사 새옹지마'라는 말도 있다. 그 이야기는 《회남자淮南子》 인간훈人間訓에 다음과 같이 씌어 있다.

북방의 오랑캐족과 경계선을 이루는 국경도시에 한 노인이 살고 있었다. 어느 날 이 노인이 소중히 키워오던 말이 오랑캐 땅으로 도망쳐버렸다. 그러나 노인은 이것이 전화위복이 될 수도 있다며 별로 슬퍼하지 않았다. 얼마 후 도망쳤던 말이 오랑캐의 좋은 말 한 필을 데리고 되돌아왔다. 그러자 동네 사람들은 노인에게 몰려와서 축하 인사를 건넸다. 노인은 '이것이 장차 화가 되지 않는다고 누가 장담하겠나'라고 말했다. 아니나다를까, 오랑캐의 좋은 말을 타고 다니던 노인의 아들이 그만 말에서 떨어져 절름발이가 되었다. 사람들이 또 노인에게 위로의 말을 해주었다. 그랬더니 노인은 '이것이 오히려 복이 될지도 모른다'고 하면서 조금도 슬퍼하는 기색을 나타내지 않았다. 얼마 지나지 않아 전쟁이 일어났다. 마을의 모든 장정이 징집되어 전쟁터에 나가 싸우다 열에 아홉은 전사했다. 하지만 노인의 아들만은 불구자로 병역에서 면제된 결과, 부자父子가 모두 생명을 보전하게 되었다.

'인간만사 새옹지마'라는 견지에서 세상을 바라본다면 대학입시에 낙방을 했다고 해서 인생을 비관할 이유도, 사회의 열등생이라고 해서 좌절할 필요도 없을 것이다. 제물로 바쳐진다거나 들보나 널감으로 먼저 베어지는 일 없이 천수를 다하며 인생을 여유 있고 자유롭게 살 수 있을 테니 말이다.

넘보다가 잃는다

진나라 문공文公이 군대를 출동시켜 위나라를 정벌하려고 할 때였다. 곁에 있던 공자公子 서鋤가 하늘을 쳐다보며 웃었다. 문공이 어째서 웃느냐고 묻자 그가 대답하였다.

"저의 이웃집 사람이 생각나서 웃었습니다. 그는 아내를 친정으로 데려다주는 중에 길가에서 뽕 따는 여자를 보고 호감을 느낀 나머지 더불어 이야기를 나누었답니다. 그러다 그의 아내를 돌아다보았는데 아내에게도 역시 손짓해 부르는 다른 남자가 있더랍니다. 저는 속으로 이 일이 생각나서 웃었던 것입니다."

문공은 그의 말을 깨닫고 정벌하려던 계획을 곧 중지하고 군사를 이끌고 돌아왔다. 그런데 과연 아직 도착하기도 전에 진나라의 북쪽 변경을 침범하는 자가 있었다.

— [열자] 설부說符

문공과 서의 대화로 이루어진 이야기는 남이 가진 것을 탐내다보면 자기 것도 잃게 된다는 사실을 아주 재미있게 일깨워주고 있다.

개가 고깃덩어리를 물고 다리를 건너다 물 속에 비친 제 그림자를 다른 개로 착각하고는 그 고기를 빼앗으려다 물고 있던 고깃덩어리를 놓치고 말았다는 《이솝 우화》의 이야기도 이러한 가르침을 준다.

노자는 '만족할 줄 모르는 것보다 더 큰 재앙은 없고 탐욕을 부리는 것보다 더 큰 과오는 없다. 그러므로 만족할 줄 아는 것이야말로 영원한 만족을 얻는 길이다(禍莫大於不知足 咎莫大於欲得 故知足之足 常足矣)'라고 하였다.

탐욕의 끝에는 언제나 파멸이 있을 뿐이다. 물질이 중심을 이루는 오늘날, 노자의 말을 되새기며 사는 지혜가 더욱 아쉽게 느껴진다.

원망의 대상 세 가지

호구狐丘 땅에 사는 영감이 손숙오에게 물었다.

"사람들에게는 세 가지 원망의 대상이 있습니다. 혹시 선생께선 그 것을 아십니까?"

"무슨 말씀이신지요?"

"직위가 높으면 사람들이 그를 질투하고, 관직이 크면 임금이 그를 시기하고, 녹봉을 많이 받으면 원망이 그에게 미치기 마련입니다."

손숙오가 말했다.

"그렇다면 제가 직위가 높아질수록 뜻을 더 낮추고, 관직이 커질수록 마음으로 더 근신하고, 녹이 많아질수록 더 널리 베푼다면 세 가지 원망을 면할 수가 있겠습니까?"

손숙오가 병이 들어 죽음을 앞두고 있을 때이다. 그는 아들에게 훈계하여 말했다.

"초나라 임금은 여러 차례 나에게 토지를 봉하려 하였지만 나는 받지 않았다. 내가 죽게 되면 임금께선 곧 너에게 땅을 봉해주려 할 것인

데 절대로 비옥한 땅을 받아선 안 된다. 초나라와 월나라 사이에 침구寢
丘라는 지방이 있는데 이 땅은 기름지지 않거니와 이름 또한 듣기에
매우 좋지 않다. 초나라 사람들은 귀신을 숭상하고 월나라 사람들은
기복신앙이 있으니 오래도록 차지할 수 있는 곳은 오직 그곳뿐이니라."

손숙오가 죽자 초나라 임금은 과연 그의 아들에게 비옥하고 아름다
운 지방을 주려 하였다. 그러나 아들은 사양하여 받지 않고 침구 지방
을 요청하였다. 임금은 그곳을 주었고, 손숙오의 자손들은 지금까지도
그곳을 잃지 않고 있다.

― [열자] 설부

《이정전서二程全書》에서 이천伊川은 다음과 같이 말을 하였다.

"사람에게는 세 가지 불행이 있다. 어린 나이에 과거에 합격하는
것이 첫째 불행이고, 부형父兄의 세력을 업고 좋은 벼슬자리를 차지
하는 것이 두번째 불행이고, 높은 재주가 있어 글을 잘 짓는 것이
세번째 불행이다."

이 세 가지는 세속에서 큰 경사로 여기는 것들이다. 그런데 이천
은 어째서 이를 불행한 일이라고 했던 것일까?

소년 시절에 운이 좋아서 과거에 합격하게 되면 대체로 학문이
성숙하기 어렵고, 부모형제의 세력을 업고 좋은 벼슬자리를 차지하
게 되면 인격이 직위와 어울리지 않는 경우가 허다하며, 재주가 높
아 글 짓는 데 소질이 있는 사람은 재승박덕才勝薄德하기 십상이기

때문이다.

따라서 이 세 가지는 당장 눈앞에만 놓고 본다면 경사스러운 일로 여겨질 수도 있지만, 긴 안목에서 본다면 바로 불행의 씨앗이 되는 것으로 그다지 반길 일이 아닌 것이다. 그래서 이천은 세속에서 행복으로 생각하는 것들을 불행으로 규정했던 것이다.

어리석은 사람들이 사물의 한 면만을 보고서 좋다 나쁘다 결정해 버리는 데 반하여, 현명한 사람들은 언제나 그것이 지닌 양면성, 곧 긍정적인 면과 부정적인 면을 동시에 간파하여 거기에 대처해 나가기 마련이다. 위에서 손숙오의 유언을 따라 그 자손들이 누구나 탐내는 비옥하고 아름다운 봉지를 사양하고, 아무도 거들떠보지 않는 척박한 땅을 받아 대대로 살아간다는 이야기는 세상 사는 깊은 지혜를 보여준 대목으로 공감되는 바가 크다.

모든 사물을 근시적 또는 편면적으로 바라보지만 말고 원시적, 전면적으로 관찰하여 사는 지혜가 세상을 살아나가는 참다운 지혜라고 할 것이다.

쓸모없는 나무가 수명이 길다

장석*이 제나라로 가다가 곡원曲轅이라는 땅에 이르렀다.

그는 사당 앞에 토신土神으로 모셔진 한 그루 가죽나무를 보게 되었다. 그 나무둥치는 여러 마리 소를 가릴 만했는데 재어보니 백 뼘이나 되었다. 또 높이는 산을 내려다볼 만했다. 가지는 열 길이나 높은 곳에 붙어 있었으며, 배를 만들어도 될 만한 가지가 여남은 개는 되었다.

나무 주위에는 구경꾼들이 저자를 이루고 있었지만 목수는 본 체만 체하고 길을 서둘렀다. 그러나 목수의 제자들은 실컷 나무 구경을 한 뒤 달음질쳐 와서는 물었다.

"저희들은 오래 전부터 도끼를 들고 선생님을 따라다녔습니다만 아직 이처럼 좋은 재목을 본 적이 없습니다. 그런데 선생님은 이것을 못본 체하고 자꾸 길을 재촉하시니 어찌된 일입니까?"

"그만두어라. 그것은 쓸모없는 나무다. 그 나무로 배를 만들면 가라앉을 것이요, 널을 만들면 쉬이 썩을 것이다. 또한 그릇을 만들면 이내 부서질 것이고, 문을 만들면 나무진이 배어나올 것이요, 기둥을

만들면 좀이 먹을 것이다. 그야말로 한 그루 쓸모없는 나무이다. 아무
짝에도 쓸모가 없기 때문에 그같이 수명이 긴 것이다."

장석은 그날 밤 꿈에 가죽나무의 신(木神)에게 꾸지람을 들었다.

"너는 나를 무엇과 비교하려고 하느냐? 나를 쓸모있는 나무에 비교
할 셈이더냐? 자, 보아라. 아가위, 배, 유자, 귤 같은 과일나무는 그 열
매가 익기만 하면 따가려고 들어 곤욕을 치르고 만다. 큰 가지는 꺾이
고 작은 가지는 부러지기 마련이다. 열매를 맺는 능력 때문에 제 삶이
괴로워지는 것이다. 그래서 타고난 목숨을 온전히 마치지 못하고 중도
에서 그만 죽고 만다. 이는 그들 스스로가 초래한 것이다. 모든 사물
은 대개 이렇지 않은 것이 없다. 그러나 나는, 일찍이 내가 쓸모없어지
기를 바란 뒤로 몇 번이나 죽을 고비를 넘기고서야 겨우 목적을 이루
어 큰 쓰임이 되었다. 만일 내게 쓸모가 있었더라면 어찌 이처럼 크게
자랄 수 있었겠는가? 그리고 너나 나나 다 같이 한낱 사물이기는 마찬
가지인데 어찌 나만을 사물이라고 생각하는가? 너는 거의 죽게 된 쓸
모없는 사람이다. 그런데 네가 어찌 무엇이 쓸모없는 나무인가를 알
수 있겠는가?"

— [장자] 인간세

* 장석匠石 – 목수 석

장자는 이 이야기에서 아무짝에도 쓸모없는 것이 결국은 가장 크게
쓰이게 되는 원리를 말하고 있다. 장자의 논법으로는 가장 쓸모없는

것이 가장 쓸모있는 것이 되고, 가장 쓸모있는 것이 가장 쓸모없는 것이 된다. 이러한 논리는 쓸모있고 쓸모없음에 대한 일반인들의 고정관념을 깨뜨리고, 어떤 것이 참으로 쓸모있고 없는 것인가를 근본적으로 재고하게 해준다.

다음의 이야기는 위의 내용과 직접 관련이 있는 것은 아니지만, 쓸모없는 것이 도리어 쓸모가 있다고 생각하는 장자의 견해를 이해하는 데 도움을 줄 것이다.

중국 한나라 문제文帝 때의 일이다. 당시 주발周勃과 진평陳平은 좌·우 승상으로 있었다.

하루는 문제가 좌승상 주발에게 물었다.

"현재 나라 안에 죄인의 수가 얼마나 되는가?"

주발이 대답했다.

"황송하오나 알지 못하옵니다."

문제가 다시 물었다.

"전국 양곡의 1년 수입과 지출은 얼마나 되는가?"

그러나 주발은 역시 대답을 못하였다.

문제는 이번엔 옆에 서 있는 진평을 쳐다보며 말했다.

"우승상이 한번 얘기해보시오."

진평은 조금도 머뭇거림 없이 즉시 이렇게 대답했다.

"폐하께서 이 일에 대한 정황을 알고자 하신다면 이 일을 담당하고 있는 사람을 데려다가 말씀을 올리도록 하겠습니다."

"누가 이 일을 관리하고 있는가?"

그러자 진평이 대답했다.

"폐하께서 죄인의 수를 묻고자 하신다면 정위廷尉를 대령시킬 것이고, 양곡의 수입과 지출을 알고자 하신다면 양곡을 담당하고 있는 내사內史를 대령시킬 것입니다. 그들은 폐하께 숫자 하나까지 상세한 보고를 할 것입니다."

문제의 얼굴에는 불쾌한 빛이 역력히 나타났다. 그는 진평을 다그쳤다.

"일마다 모두 주관하는 사람이 있다면 도대체 승상이 하는 일이란 무엇이오?"

진평은 조금도 주저하지 않고 다음과 같이 말했다.

"사람의 능력은 한계가 있어서 모든 일을 혼자서 직접 할 수는 없습니다. 승상의 직책은 위로는 황제를 보좌하고, 아래로는 만사를 조절하며, 대외적으로는 사이四夷와 제후諸侯를 어루만져주고, 대내적으로는 백성을 안정시키는 것입니다. 또한 승상은 대신들을 관리하여 그들이 각자 자신의 책임을 다 할 수 있도록 하는 것입니다."

동양의 전통사회에서 정승이란 겉으로는 아무 하는 일이 없는, 쓸모없는 직책처럼 보였다. 그러나 정승은 맡은 일이 없었기 때문에 전체를 다스리는 가장 큰 일을 할 수가 있었던 것이다.

이러한 이야기들을 통해서 본다면 가장 쓸모없는 것이 가장 크게 쓰인다는 장자의 논리는 역설적이면서도 상당한 설득력을 지니고 있다고 할 수 있다. 우리가 이런 안목을 가지고 세상 사는 지혜를 배운다면, 쓸모없다고 냉대받던 사람은 움츠린 어깨를 펴고, 쓸모있다고 존경받던 사람은 고개를 숙이게 되지 않을까.

빈자와 부자의 중간

양주가 말했다.

"원헌原憲은 노나라에서 가난하게 살았고, 자공은 위나라에서 재산을 불렸다. 원헌의 가난함은 생명을 손상시켰고, 자공의 부유함은 심신을 고달프게 만들었다. 너무 가난한 것도 좋지 않고 너무 재산을 불리는 것 또한 좋지 않다. 그러면 어떻게 해야 좋은가? 생활을 쾌락하게 하는 것, 심신을 편안하고 한가롭게 하는 것이 좋다. 생활을 쾌락하게 잘하는 사람은 지나치게 가난하게 살지 않고, 심신을 편안하고 한가롭게 잘하는 사람은 지나치게 재산을 불리지 않는다."

— [열자] 양주

중국 종횡가縱橫家의 대표적 인물 소진蘇秦은 《십팔사략》에서 부귀와 가난에 대해 다음과 같이 말한 바 있다.

"똑같은 사람인데도 부귀하면 친척도 공경하고 두려워하며, 빈천하면 경멸하고 소홀히 대접한다. 하물며 남들의 대함에 있어서야 더 말할 나위가 있겠는가."

《소학》 선행편은 재부財富의 좋지 않은 점을 이렇게 설명한다.

"현명한 사람은 재산이 많으면 그 뜻이 손상되고, 어리석은 사람은 재산이 많으면 그 과오가 증가된다. 또한 부자는 여러 사람들의 원망을 듣게 된다."[1]

《장자》 도척편에서도 위의 열자와 같은 견해를 찾아볼 수 있다.

"알맞으면 복이 되고 너무 많으면 해가 된다. 세상에 그렇지 않은 것이 없지만 재물에 있어서는 더욱 그렇다."[2]

조선조 중기의 학자 조식 역시 《남명집》 발跋을 통해 가난함이 부귀보다 좋다는 견해를 피력했다.

"많은 사람들은 곤궁함에 대해 고민한다. 그러나 나는 여러 차례 과거에 낙방하여 곤궁함 속에서 편안함을 얻게 되었다. 내 이 곤궁함을 어찌 세상 사람의 부귀영화와 바꿀 수 있으랴."

《신약성서》의 누가복음에는 이런 구절이 나온다.

"가난한 자는 복이 있나니 하느님의 나라가 너의 것이다."

이를 통해 가난과 부귀에 대한 관점이 대체로 세 가지로 요약됨을 알 수가 있다. 가난이 좋다는 견해, 부귀가 좋다는 견해, 가난과

---

1 賢而多財 則損其志 愚而多財 則益其過 且夫富者 衆之怨也
2 平爲福 有餘爲害者 物莫不然 而財其甚者也

부귀의 중간이 좋다는 견해가 그것이다.

　가난은 사람을 불편하게 만들기 때문에 결코 좋은 것은 아니다. 그러나 부귀 역시 사람을 불안하게 만들기 때문에 그렇게 탐탁스러운 것이라 할 수 없다. 이렇게 본다면 가난과 부귀의 중간을 취하여 불편하지도 불안하지도 않게 쾌적한 삶을 즐기고 안정된 심신을 가꾸는 것이 세상을 사는 최고의 지혜가 아니겠는가.

황하가 흘러넘쳐도 사흘을 넘기지 않는다

조나라 양자襄子가 신하인 신치목자新穉穆子로 하여금 적翟나라를 공격하게 하였다. 신치목자는 곧 적나라를 쳐부숴 좌인左人과 중인中人 두 성을 빼앗은 다음 전령을 시켜 이 사실을 양자에게 아뢰게 했다.

하지만 양자는 막 식사를 하던 중에 이 소식을 듣고 얼굴에 근심하는 빛을 나타냈다. 곁에서 모시고 있던 신하들이 이상히 여겨 물어보았다.

"하루아침에 두 성을 함락시켰으니 이는 사람들이 기쁘게 생각하는 일입니다. 그런데 지금 근심하는 빛이 있으니 어찌된 일입니까?"

양자가 대답했다.

"무릇 장강이나 황하가 흘러넘친다 해도 사흘을 넘기지 않고, 회오리바람이나 사나운 비도 한나절을 넘기지 않으며, 태양이 작열하는 한낮도 잠깐 동안인 법이다. 지금 우리 조씨趙氏가 덕행을 별로 쌓은 것도 없는데 이렇게 빨리 두 성을 함락시켰으니 아마 곧 멸망이 닥쳐올지도 모르겠다."

공자가 이 이야기를 듣고 다음과 같이 말했다.

"조씨들은 창성할 것이다. 무릇 걱정을 하는 것은 창성하는 원인이 되며, 기뻐하는 것은 멸망하는 원인이 되는 것이다. 승리 자체가 어려운 것이 아니라 그것을 유지하는 것이 어려운 것이다. 현명한 임금은 이런 원리에 따라 승리를 유지하는 것이니, 때문에 그들의 행복이 후세에까지 미치는 것이다. 제나라와 초나라, 오나라와 월나라도 모두 일찍이 승리한 적이 있었다. 그러나 마침내 멸망하게 되었던 것은 승리를 유지하는 방법에 통달하지 못했기 때문이다. 이러한 도리를 터득하고 있는 임금만이 오직 승리를 유지할 수가 있다."

— [열자] 설부

당나라 때의 문신 유비柳毗는 가훈에서 "집안을 일으키기 어려움은 하늘에 오르는 것과 같고, 집안을 멸망시키기 쉬움은 터럭을 태우는 것과 같다(成立之難如升天 覆墜之易如燎毛)"고 하였다.

또 당태종이 신하 위징에게 "제왕의 업을 새로 이루는 초창草創과 성공한 것을 지키는 수성守成 중 어느 것이 더 어려운가?"라고 물었을 때, "창업한 것을 잘 계승하여 지키는 수성이 더 어렵다"고 한 위징의 답변이 《정관정요》 군도君道편에 나온다.

무슨 일이든 성공한다는 것은 결코 쉬운 일이 아니다. 하지만 그것을 유지·발전시키는 일은 그보다 훨씬 어려운 일이다. 그렇다면 성공과 승리가 일시적인 행복과 기쁨으로 끝나지 않게 영원히 지키고 발전시킬 수 있는 비결은 무엇일까?

열자는 위에서 공자의 입을 빌어 '평소에 위기의식과 멸망의식을 갖는 것'이라고 이야기하고 있다.

조나라의 양자는 승리를 자축하기에 앞서 멸망을 생각했고, 사람들이 모두 기뻐하는 중에도 근심하는 빛을 나타냈으니, 승리를 유지하는 비결을 누구보다도 잘 파악하고 있던 사람이라고 할 수 있다.

공자는 《주역》 계사繫辭에서 이렇게 말했다.

"위기의식을 갖는 것은 지위를 안정시키는 길이고, 멸망을 염려하는 것은 잘 보존하는 길이며, 어지러울 것을 걱정하는 것은 다스림을 이루는 길이다. 그러므로 군자는 편안하여도 위태로움을 망각하지 않고, 보존하여도 멸망을 망각하지 않으며, 다스려도 어지러움을 망각하지 않는다. 이로써 군자는 언제나 몸을 편안히 하고 국가를 보존할 수가 있게 되는 것이다."[1]

또한 《효경》에서는 다음과 같이 말했다.

"위에 있으면서 남에게 교만하지 않으면 지위가 높아도 위태롭지 않고, 모든 일을 법도에 맞게 절제하고 조심하면 가득 차도 넘치지 않는다. 지위가 높아도 위태롭지 않으면 영원히 귀한 자리를 지킬 것이요, 가득 차도 넘치지 않으면 영원히 그 부유함을 지킬 것이다."

지금은 그 어느 때보다도 경쟁이 치열한 사회이다. 경쟁에서 성공하고 승리하기를 원하는 사람, 그리고 그것을 오래오래 누리기를 바라는 사람이라면 반드시 새겨들어야 할 대목들일 것이다.

---

1 危者 安其位者也 亡者保其存者也 亂者有其治者也 是故君子 安而不忘危 存而不忘亡 治而不忘亂 是以身安 而國家可保也

신농과 황제의 세상 사는 법칙

장자가 어느 산중을 지나가다 보니 가지와 잎이 무성한 큰 나무 한 그루가 있었다. 그런데 그 옆에 있는 목수는 나무 곁에 서 있을 뿐 나무를 벨 생각조차 하지 않고 있었다. 이에 장자가 그 까닭을 물었다.

"쓸모없는 나무이기 때문입니다."

장자는 목수의 대답을 듣고 이와 같이 생각했다.

'이 나무는 재질이 좋지 않아 제 수명을 누릴 수 있게 된 것이로구나.'

장자는 이윽고 산에서 내려와 어느 친구의 집을 찾아갔다. 그 친구는 매우 반가워하며 머슴아이를 시켜 거위를 삶아오도록 했다. 그러자 머슴아이가 물었다.

"거위가 두 마리 있는데, 한 마리는 잘 울 줄 알고 한 마리는 잘 모릅니다. 어느 놈을 잡을까요?"

"잘 울 줄 모르는 놈을 잡아라."

그 이튿날 장자의 제자들이 다음과 같이 물었다.

"어제 산중의 나무는 쓸모가 없음으로 인해서 제 수명을 누릴 수가 있었고, 집주인의 거위는 쓸모가 없음으로 인해서 죽음을 당했습니다. 선생님은 어느 쪽을 선택하려 하십니까?"

장자는 웃으면서 대답했다.

"나는 쓸모있음과 쓸모없음의 중간을 선택할 것이다. 그러나 쓸모있음과 쓸모없음의 중간은 그럴듯해 보이긴 해도 사실 참된 도는 아니다. 그것은 아직 얽매임을 면하지 못하는 것이기 때문이다. 도덕과 화합을 이루어 자유 자재롭게 사는 사람은 얽매임이 없다. 그에게는 칭찬도 비방도 없다. 그는 나가 움직이기도 하고 들어앉아 조용히 있기도 하며, 때를 따라 함께 변화해서 구태여 어느 한쪽에 매달리지도 않는다. 또 혹은 올라가 날기도 하고 내려와 숨기도 하면서 모든 것과 화동和同을 이루는 것으로 행위의 표준을 삼는다. 그는 만물이 시작되기 이전의 경계에서 노닐며 물질의 노예가 아닌 물질의 주인이 되어 물질을 부린다. 그러니 어떻게 물질의 구속을 받을 수 있겠는가? 이것이 곧 신농과 황제의 세상 사는 법칙이다. 그러나 저 만물의 실정과 인류의 습관은 그렇지 않다. 만남이 있으면 헤어짐이 있고, 이룸이 있으면 무너짐이 있다. 모나면 꺾이고, 높은 자리에 있으면 공격을 받으며, 하는 일이 있으면 곧 결함이 있고, 유능한 사람은 모함을 받고 무능한 사람은 사기를 당한다. 이렇게 본다면 어떻게 어느 한쪽만을 치우치게 고집할 수 있겠는가? 슬픈 일이로다! 잘 기억해두어라. 세상 사는 참다운 지혜는 오직 진리의 세계에서 자유자적하는 삶에 있을 뿐이다."

— [장자] 산목

너무 무능하면 사기를 당하기 쉽다. 그러나 지나치게 유능해도 모략을 받기 십상이다. 너무 유능한 것도 지나치게 무능한 것도 모두 지혜로운 것이라고 보기는 어렵다. 이 이야기는 쓸모가 없어 천수를 누리는 큰 나무와 쓸모가 없어 명대로 못 사는 거위의 비유를 통해, 유능과 무능의 중간이 바람직하다고 말하고 있다.

그러나 이렇게 약고 얄팍하게 사는 것은 장자가 생각하는 세상사는 참다운 지혜가 아니다. 장자는 시대와 사회에 순응하되 언제나 자신이 이 세상의 주인으로 살아가야 함을 역설하고 있다. 자신의 개성과 인격을 상실하지 않고 도덕을 이상향으로 삼아 당당하게 살아나가야 한다고 결론짓고 있다.

불교의 《열반경涅槃經》에는 '화광부동진和光不同塵'이란 말이 나온다. 세상 사람들과 함께 어울리기는 하지만 그 세속의 티끌에 오염되지 않는다는 뜻이다.

유가의 《중용》에서는 '화이불류和而不流', 곧 세상과 조화를 이루면서도 세속적으로 타락하지 말 것을 경고한다.

장자가 위에서 세상에 순응하면서도 물질의 주인으로 살기를 주장하여 순세順世와 오세傲世의 결합을 강조한 것은, 바로 불교와 유가의 정신과 일맥상통하는 바가 있다.

동양사상에서는 인간이 세상과 조화를 이루면서도 세속과 야합하여 타락하거나 물질에 끌려 노예가 되지 않고, 자신이 삶의 주체로서 바르게 살아가는 것을 처세의 공통적인 이상으로 삼아 왔다.

한 개인이 거대한 사회에 대항할 수는 없는 일이다. 따라서 모든 인간은 기본적으로 시대와 사회의 변화를 받아들이는 자세가 필요하다. 그러나 사회의 흐름을 따른다고 해서 주관도 주견도 없이 세속의 오물을 그대로 뒤집어쓴 채 되는 대로 살아간다면 그것은 노예적인 삶과 크게 다를 바가 없다.

오늘 우리 사는 모습을 돌아보면 어떤가? 황금만능의 사회 속에서 너나없이 물질적 욕구의 충족만을 위하여 살고 있는 것은 아닐까. 자신의 개성과 이성, 자유의지를 상실한 채 지내는 것은 아닐까. 동양사상의 가르침이 새삼 숭고하게 느껴진다.

닷섬들이 큰 박

혜자가 장자에게 말했다.

"위나라 임금이 내게 큰 박씨를 보내주기에 그것을 심었더니 닷섬들이 큰 박이 열리지 않았겠나? 그래서 그 속을 파내 장을 담았는데 너무 무거워 들 수가 없지 뭔가. 다음엔 그것을 두 쪽으로 쪼개어 바가지를 만들었는데 너무 넓어서 쓸데가 없었네. 박이 크기는 해도 쓸모가 없기에 결국 부숴버리고 말았다네."

이를 듣고 장자가 말했다.

"자네는 참으로 큰 것을 사용할 줄 모르는 사람일세. 예전에 손이 틀 때 바르는 약을 잘 만드는 송나라 사람이 있었다네. 그러나 그 사람은 그런 기술을 가지고도 기껏 빨래하는 일만 하고 있을 뿐이었네. 그런데 어느 날, 어떤 사람이 소문을 듣고 와서는, 그 약방문을 100금을 주고 사겠다고 하였네.

송나라 사람은 온 집안 식구를 모아놓고 "우리는 대대로 겨우 몇 푼벌이 밖에 되지 않는 빨래질만 해왔다. 이제 이 약방문을 팔면 하루아침에 100금을 얻게 될 터이니 얼마나 좋은가"라고 말하고는 이내 그 약방문을 팔아버렸다네. 약방문을 산 사람은 곧 그것을 가지고 오나라 임금을 찾아가 약을 써보도록 청하였네. 오나라 임금은 마침 월나라와 전쟁을 하고 있던 터라 그를 장수로 삼고 그해 겨울에 월나라와 수전水戰을 벌였는데, 그 약 덕분에 크게 이길 수 있었네. 오나라 임금은 그에게 봉지를 하사해주었지. 이것을 보면, 똑같은 약을 가지고도 한 사람은 땅을 얻어가졌고 또 한 사람은 일생 동안 빨래하는 일에서 벗어나지 못했으니, 그 쓰는 법이 달랐던 까닭일세. 자네는 닷섬들이 큰 박을 가졌다면 왜 그것으로 커다란 배를 만들어 강호江湖에 띄울 생각은 못하고, 너무 커서 쓸데가 없다는 걱정만 하는가? 자네는 아직도 몹시 옹졸한 생각밖에 가지지 못한 사람일세그려."

— [장자] 소요유

남송시대의 유명한 애국시인 육유陸遊는 일생 동안 정력적인 저술활동으로 9천3백여 수에 이르는 방대한 시문을 남겼다. 이러한 활동이 가능했던 것은 그가 장수한 데에도 원인이 있는데, 그의 건강 비결 중의 하나는 다름아니라 빗자루로 마당을 쓰는 일이었다. 그는 주변에 언제나 빗자루 하나를 놓아두고, 글을 읽고 시를 짓는 틈틈이 집 안 팎을 돌아다니며 열심히 쓸고 또 쓸었다. 전신운동을 하기 위해서였다.

그는 자신의 시에서 빗자루로 마당을 쓰는 건강비법을 이렇게 읊었다.

언제나 빗자루 하나 곁에 두고
틈만 나면 땅을 쓰누나
아이와 종들을 살피기도 하고
기혈氣血을 평정시키는 효과도 있다
안마와 도인법導引法은
좋기는 하지만 번거로운 게 흠이다
빗자루 하나 들고 청소하는 것처럼
간단하게 오래 살 수 있는 길만 못하다.

다른 사람들에게는 땅을 쓰는 도구일 뿐인 빗자루를 육유는 건강을 유지하는 운동기구로 활용하였다.

미국의 대재벌이었던 카네기는 어느 날 자기 사무실에서 일할 사람을 채용하기로 하였다. 채용시험에는 많은 지원자들이 모였는데, 시험문제는 뜻밖에도 포장해서 묶어놓은 화물의 밧줄을 풀라는 것이었다. 워낙 단단하게 묶여 있어서 그것을 푸는 것은 여간 어려운 일이 아니었다. 시험이 끝나고 합격자가 발표되었다. 그런데 밧줄을 끝까지 푼 사람은 모두 낙방했고, 밧줄을 칼로 잘라버린 사람이 합격되었다. 합격자 발표 후에 카네기는 이렇게 말했다.

"조금도 이상하게 생각할 것 없다. 세상은 스피드 시대이다. 밧줄을 푸는 데 시간을 다 보내서야 언제 사무를 본단 말인가. 나는 그런 비능률적인 사람은 원치 않는다."

카네기는 묶인 밧줄은 풀어야 한다는 고정관념에 사로잡혀 있는 사람보다는, 그 관념의 틀을 깨고 밧줄을 과감히 칼로 잘라버릴 수 있는 능률적인 사람을 유능한 직원으로 평가했던 것이다. 그의 이러한 상식을 뛰어넘는 파격적인 안목과 사업수완이 바로 그를 미국의 대실업가요 대재벌로 성장하게 한 원동력이 되었던 것이다.

사람들은 박은 으레 바가지로 사용해야 하는 줄로 안다. 위의 이야기에서 혜자는 바로 그런 고정관념에 사로잡혀 있는 사람이었다. 장자는 혜자의 그런 고정관념을 깨주고자 했던 것이다.

똑같은 사물이라도 그것을 어디에다 어떻게 적절히 사용하느냐에 따라 그 결과는 엄청난 차이가 나기 마련이다.

우리가 장자처럼 상식의 틀을 깨고 파격적인 시야와 안목으로 사물을 바라볼 수만 있다면 현재보다 훨씬 더 현명하게 세상을 살아갈 수 있으리라.

마음의 눈을 뜨고 마음의 귀를 열어야

장자가 조릉彫陵이라는 밤나무숲의 울타리 가에서 노닐다가 이상한 까치 한 마리가 남쪽에서 날아오는 것을 보게 되었다. 까치의 날개는 무려 일곱 자나 되고 눈의 둘레는 한 치나 되었다. 그 까치는 장자의 이마를 스치고 지나가 밤나무 위에 가서 앉았다.

장자는 혼잣말로 중얼거렸다.

'도대체 어떤 새이기에 저렇게 넓은 날개를 가지고도 높이 날지 못하고, 저렇게 큰 눈을 가지고도 잘 보지 못하는 것일까?'

장자는 옷을 걷어올리고 빠른 걸음으로 달려간 뒤 화살로 새를 겨누었다. 그런데 그때 문득 바라보니, 매미 한 마리가 나뭇잎 아래에 앉아 제 몸도 잊어버린 채 아름다운 그늘을 즐기고 있었다. 그리고 그 곁에는 사마귀 한 마리가 나뭇잎 뒤에 숨어 매미를 잡는 데 정신이 팔려 제 몸을 잊고 있었다. 까치 역시 그 기회를 타서 사마귀를 잡느라고 제정신을 잃어버리고 있었다.

장자는 이것을 보고 비장한 표정으로 말했다.

"아, 슬픈 일이로다. 만물은 원래 서로 해치고 이해는 서로 얽혀 있구나!"

그는 쏘려던 화살을 던져버리고 발걸음을 돌려 뛰어갔다.

밤나무밭 관리인은 장자의 모습을 보고는 밤을 훔치러 온 도둑이라 생각하고 뒤쫓으며 나무랐다. 장자는 집에 돌아온 후 사흘 동안 뜰 앞에도 나가지 않았다. 그러자 제자 인저藺且가 다가와 물었다.

"선생님은 무엇 때문에 요즈음 그리 언짢은 기색을 하십니까?"

장자가 대답했다.

"나는 형체를 지키다가 그만 내 자신을 잊어버렸느니라. 그것은 마치 흐린 물을 보느라고 맑은 연못물을 잊는 것과 같다. 나는 또 선생님께 '그 지방에 들어가서는 그곳의 풍습을 따른다'고 들었다. 그런데 나는 조롱에서 노닐다가 내 자신을 잊었고, 까치는 내 이마를 스쳐 지나가 밤숲에서 놀다가 제정신을 잊었고, 밤나무밭 관리인은 나를 도둑으로 몰아 모욕을 하였다. 그래서 나는 기분이 언짢아서 뜰에도 나가지 않았던 것이다."

— [장자] 산목

밤나무숲을 무대로 한 이 이야기는 그늘을 즐기는 매미, 매미를 노리는 사마귀, 사마귀를 노리는 까치, 까치를 노리는 장자, 장자를 노리는 밤나무 관리인 등 이해관계가 얽히고설킨 현실세계의 모습을 간결하게 잘 묘사하고 있다.

쫓고 쫓기는 복잡한 인연 속에 얽혀 사는 것이 우리의 현실이다. 그러나 따지고 보면 서로가 눈앞의 이기적인 욕망에 사로잡히기 때문에 이처럼 남을 해치고 또 결과적으로 자기 자신을 해치는 일이 발생하게 되는 것이다. 나만 잘살겠다는 이기적인 욕망에서 벗어나 함께 잘살겠다는 자애로운 마음을 가질 때 모두가 서로 돕고 사는 관계로 발전할 수 있을 것이다.

옛날에 제나라의 어떤 사람이 대낮에 시장에 가서 사람들이 보는 앞에서 남의 금을 훔쳤다. 관리가 붙잡아 어째서 사람들이 보는 앞에서 금을 훔쳤느냐고 심문하자, 그는 금을 훔칠 때 사람은 보이지 않고 금만 보였다고 대답했다.

이것은 《열자》 설부편에 나오는 이야기로, 인간의 마음이 한번 물욕에 가리면 인간으로서 지닐 수 있는 기본적인 이성과 양식마저 완전히 상실하게 됨을 말해주는 이야기라 할 수 있다.

눈은 보기 위한 것이고 귀는 듣기 위한 것이지만, 나뭇잎사귀 하나가 눈을 가리면 태산도 보지 못하고, 콩 두 알이 귀를 막으면 우렛소리도 듣지 못한다. 그래서 현명한 사람은 언제나 마음의 눈을 뜨고 마음의 귀를 열고자 노력하는 것이다.

단표와 장의

노나라의 단표單豹는 산골에 숨어 샘물이나 마시고 살면서 세상 사람과 더불어 이익을 꾀하지 않는 사람이었다. 그는 나이 일흔이 되어도 그 얼굴빛이 오히려 어린애나 다름없었다. 그러나 불행히도 굶주린 호랑이를 만나 잡아먹히고 말았다.

이에 반해 장의張毅는 부잣집이나 권세 있는 집을 분주히 다니면서 이익을 꾀한 사람이었다. 그러나 그는 나이 마흔에 내열병內熱病으로 죽고 말았다.

단표는 안으로 그 마음을 길렀지만 호랑이가 밖으로 그 몸뚱이를 먹어버렸고, 장의는 밖으로 그 육체를 길렀지만 병이 안으로 그 마음을 침노하였다. 두 사람은 다 그 뒤떨어진 것을 채찍질하지 못했던 것이다.

— [장자] 달생達生

사람은 안으로는 정신, 밖으로는 육체를 소유한 존재이다. 따라서 빵만으로는 빈곤한 정신의 공허를 메울 수 없고, 영혼만으로는 배고 픈 육체의 허기를 해결할 수 없다. 인생은 정신과 물질 그 어느 하나만으로는 행복하게 영위할 수 없다. 정신과 물질의 풍요가 적절히 조화를 이룰 때라야 이상적인 삶을 누릴 수 있는 것이다. 그런 점에서 안으로 정신만을 기르다가 밖으로 호랑이에게 잡아먹힌 단표와, 밖으로 물질적인 이익만을 꾀하다가 안으로 열병이 들어 죽은 장의 모두 바람직한 인생을 살았다고 보기 어렵다.

단표는 전통사회의 도덕을 위주로 한 삶을 살았고, 장의는 현대 사회의 경제에 편중된 삶을 살았다고 할 수 있다. 미래사회에 우리의 삶이 보다 이상적인 방향으로 나아가기 위해서는 단표와 장의 두 사람의 유형을 적절히 조화시킨 제3의 유형이 있어야 한다. 다시 말하면 도덕과 경제의 어느 극단을 달리는 것이 아닌 이 양자의 결합이 필요하다는 것이다.

지금의 시대는 도덕이 뒤처지고 경제가 저만치 앞서 나간 형국이다. 분주히 이익만 꾀하며 다니다가 결국은 나이 마흔에 죽은 장의와 같은 모습이 한국의 40대 가운데 날로 늘어만 가고 있다. 뒤떨어진 도덕을 채찍질하여 경제와 함께 나란히 달리게 하는 것이 무엇보다도 시급한 과제다.

유가에 '내외교양內外交養'이란 말이 있다. '안과 밖을 균등하게 발전시킨다'는 뜻이다. 이 말의 의미가 그 어느 때보다도 소중하게 느껴진다.

부드럽고 약한 것이 위에 있다

사람의 신체는 살아 있을 때는 유연하지만 죽은 뒤에는 굳어진다. 풀과 나무도 살아 있을 때는 부드럽지만 죽은 후엔 마르고 뻣뻣해진다.

이처럼 굳고 강한 것은 죽음의 현상이요, 부드럽고 약한 것은 삶의 모습이다.

그러므로 군대가 강하면 도리어 승리하지 못하고 나무가 강하기만 하면 꺾이는 것이다.

강하고 큰 것은 아래에 머물고, 부드럽고 약한 것은 위에 있게 되는 것이 자연의 법칙이다.

— [노자] 76장

노자는 약한 것이 강한 것을 이기는 원리를 여러 곳에서 설명하고

있다.

《노자》 43장에는 실체가 없는 도가 실체가 있는 만물을 주재한 다는 의미에서, '천하의 지극히 부드러운 것이 천하의 지극히 강한 것을 지배한다(天下之至柔 馳騁天下之至堅)'는 말이 나온다.

또 78장에서는 물을 비유로 들어 약한 것이 강한 것을 이기는 원리를 이렇게 설명하였다.

"세상에서 물보다 부드럽고 약한 것은 없다. 그러나 어떠한 굳세고 강한 것도 물을 이기지는 못한다. 그것은 물보다 더 유약할 수 있는 것이 없기 때문이다. 약한 것이 강한 것을 이기고 부드러운 것이 굳센 것을 이긴다는 것을 천하에 모르는 사람이 없다. 그러나 단지 실천하지 않을 뿐이다."

강자만이 살아남고 약자는 도태된다는 것이 자본주의 이론의 핵심이다. 따라서 현대인들에게 강한 것이 약한 것을 이긴다는 것은 상식처럼 되어 있다.

그렇다면 앞서 말한, '약한 것이 강한 것을 이긴다'는 노자의 주장은 억지소리인가? 아니면 반대로 '강한 것이 약한 것을 이긴다'는 현대인의 상식이 잘못된 것인가?

이 문제의 해답은 자연의 법칙에서 찾아보는 것이 가장 현명할 것이다. 예를 들어보자. 버들가지는 약하지만 다른 나무를 묶을 수 있고, 가늘게 떨어지는 빗방울은 단단한 바위에 구멍을 뚫을 수 있다. 우리 주변에서 벌어지는 자연현상을 조금만 눈여겨 살펴보면 약한 것이 강한 것을 이긴다는 노자의 주장이 억지가 아니라는 사실을 곧 알게 된다.

'산을 뽑을 수 있는 강한 힘과 세상을 덮을 수 있는 기개(力拔山氣

蓋世)'를 가졌노라고 자랑했던 항우, 그러나 결국 그의 마음을 사로잡았던 것은 우미인이 아니었던가. 또한 관우와 장비를 능가하는 힘을 가졌던 여포를 손안에 넣고 주무른 것도 왕윤의 가희歌姬 초선이었다.

강한 것이 약한 것을 이기는 눈앞의 현상에만 집착하지 않고, 약한 것이 강한 것을 이기는 자연의 법칙을 배워나가야 이 세상을 최후의 승자, 영원한 승자로서 살 수 있지 않을까.

내 몸도 내 것이 아니다

순임금이 승丞에게 물었다.

"도를 얻어서 소유할 수 있는가?"

"임금의 몸도 임금의 소유가 아닌데, 어떻게 도를 소유할 수 있겠습니까?"

"내 몸이 내 소유가 아니라면 누가 이것을 소유하고 있단 말인가?"

승이 대답했다.

"임금의 몸은 천지가 임금에게 맡겨놓은 것입니다. 생명도 임금 소유가 아니라 천지가 맡겨놓은 음양의 기운이요, 성명性命 또한 임금의 소유가 아니라 천지가 맡겨놓은 자연의 법칙이며, 아들이나 손자도 임금 소유가 아니라 천지가 맡겨놓은 변화의 과정입니다."

— [장자] 지북유知北遊

도는 체험일 뿐이지 결코 소유의 대상이 아니다. 순임금이 그걸 몰랐을 턱이 없지만, 장자는 사람들의 소유욕에 대한 망상을 깨뜨리기 위해서 가정법을 썼던 것이다.

장자는 인간이 가장 사랑하는 자손은 물론이고 심지어 자기 자신까지도 잠시 맡겨진 것이며 진정한 사신의 소유가 아니라고 밝히고 있다. 무엇이든 자기 마음대로 할 수 있어야 진정한 자기 것이다. 그런데 인간은 과연 자기 자신을 자기 마음대로 할 수 있는가? 이 세상에 나올 때가 되면 자신의 의사와 무관하게 태어나야 하고, 또 이 세상을 떠날 때가 되면 가지 않으려고 해도 어쩔 수 없이 떠나야 하지 않는가? 자신의 의지와는 전혀 상관없이 타의에 의해 오고 가야 하니, 나 자신도 나의 소유가 아니라는 장자의 논리는 상당히 설득력 있게 다가온다.

당나라 태종太宗은 '정관지치貞觀之治'로 훌륭한 정치를 이룬 임금이다. 그가 어느 날 사랑하는 황후와 가장 총애하는 신하 위징魏徵을 불러 조용히 자리를 함께 했다.

태종은 '오늘 우리 세 사람이 모처럼 한가롭게 자리를 같이했으니, 마음속에 있는 소리를 거짓 없이 한마디씩 하기로 하자'고 제안했다. 두 사람이 이에 동의하자 태종이 먼저 말했다.

"나는 천자로서 천하가 모두 나의 것이니 무슨 욕심이 더 있겠소, 하지만 담배 한 대라도 갖다주는 사람이 좋지, 달라고 하는 사람은 싫소."

이어 황후가 말했다.

"저는 천자의 아내가 되어 황후의 지위에 있으니 여기에서 더 바랄 것이 무엇이 있겠습니까. 그렇지만 꼭 진심을 한 가지 이야기 하라고 한다면, 만조백관이 조회할 때 풍채가 훤칠한 선비가 늠름하게 걸어 들어오는 것을 보면 한번 가서 껴안아보고 싶은 욕심이 있습니다."

마지막으로 위징이 목소리를 가다듬고 이렇게 말했다.

"저는 일인지하 만인지상一人之下 萬人之上의 재상 지위에 있으니 무엇을 더 바라겠습니까? 그러나 굳이 속마음을 말하라 하신다면, 폐하가 계시는 저 용상에 저도 한번 앉아보았으면 하고 생각했던 적이 있습니다."

이 이야기는 다소 과장된 감도 없지 않지만 인간의 소유에 대한 집착이 어떤 것인지 잘 대변해주는 이야기라고 하겠다. 우리가 생각하기에 천자, 황후, 정승이라면 더 이상 바랄 것이 없을 것 같지만 그들 역시 그들 나름의 집착을 떨쳐버리지 못하고 있는 것이다.

유가에서는 '소유의 절제와 조절(養心莫善於寡慾)'을 말하고, 도가에서는 '버리고 버리어 버릴 것이 없는 데 이르기(損之又損 以至於无爲)'를 요구하며, 불교에서는 '무소유無所有'를 주장한다.

정도의 차이는 있지만 동양사상은 인간이 소유의 노예가 되는 것을 경계하는 점에서는 동일하다. 평생 동안 소유에 집착하여 살아가고 있는 사람이 있다면 이런 동양사상의 가르침을 귀담아 들어둘 일이다.

진정한 아름다움

추녀가 사랑받은 이유

양자陽子가 송나라의 어떤 여관에 들었다.

여관 주인에게는 첩이 둘 있었는데, 한 사람은 미인이었고 다른 한 사람은 추녀였다. 그런데 추녀는 귀염을 받고 미인은 천대를 받고 있었다. 양자가 그 까닭을 물으니 여관의 심부름하는 아이가 대답하였다.

"저 미인은 스스로 미인인 체하기 때문에 그 아름다움을 모르고, 저 못생긴 여인은 스스로 못났다고 여기기 때문에 그 못난 것을 모르는 것이옵니다."

대답을 듣고 양자는 제자들에게 말했다.

"너희들은 잘 기억해두어라. 그 행실이 어질면서도 스스로 어질다고 여기는 마음이 없으면 어디에 간들 사랑받지 않겠느냐?"

— [장자] 산목

아름다움이란 자기가 자신의 아름다움을 의식하지 않고 있을 때 그 진가를 나타내는 법이다. 그런데 미인은 눈에 보이는 아름다운 얼굴만을 믿고 스스로 미인인 체하니 곱게 느껴질 리 없다.

아름다운 얼굴이 추천장이라면 아름다운 마음은 신용장과 같다. 추녀는 스스로 못난 줄 알고 아름다운 마음을 가꾸기에 힘을 기울이니 도리어 아름답게 보이는 것이다.

고운 마음씨는 사람의 마음을 사로잡지만 겉모양의 아름다움은 사람의 눈만을 즐겁게 한다. 또한 아름다운 용모는 꽃과 같아서 한때 화려하지만 곧 시들기 마련이고 시들고 나면 추해진다.

세상에서 미를 보는 관점은 여러 가지가 있을 수 있다.

첫째, 보는 사람의 느낌에 따라서 결정된다는 주관적 관점이다. 둘째, 이와는 반대로 사물이 본래 지닌 속성이라고 보는 객관적 관점이다. 셋째는 사물 자체가 지닌 속성에 대해 주관적으로 일어나는 느낌이라고 보는, 곧 주관성과 객관성이 통합된 관점이다. 장자의 기본 견해는 보는 사람의 주관에 따라서 결정된다는 첫 번째 관점에 속한다. 장자는 위에서 송나라 때의 한 여관의 귀염 받는 추녀와 천대받는 미인의 이야기를 통해, 아름다움과 추함은 사물이 지닌 속성 그 자체로 결정되는 것이 아니라, 그것을 보는 주체가 아름답다고 느끼면 아름다운 것이 되고, 싫다고 느끼면 추한 것이 된다고 말하고 있다.

장자의 관점을 객관성이 결여된, 지나치게 자기 중심적인 논리라고 배격할 사람도 없지 않을 것이다. 그러나 피부 한 꺼풀에 지나지 않는 외형미에만 신경을 쓰는 사람들은 이러한 장자의 논리와 함께 다음의 구절을 새겨들을 필요가 있다.

"아름다운 여인이 삼가지 않는 것은 마치 돼지코에 금고리와도 같다." —《구약성서》

"마음의 아름다움을 잃어버린 육체의 아름다움은 동물들의 장식에 지나지 않는다." — 데모크리토스

곱사등이 지리소

지리소支離疏라는 사람은 턱이 배꼽에 가 박히고, 어깨는 정수리보다 높고, 상투가 하늘을 가리키고, 오장의 혈관은 위로 돌출하고, 두 넓적다리는 양쪽 갈비뼈와 붙어 있는 불구자였다.

그렇지만 그는 남의 바느질이나 빨래를 해주면 먹고살기에 충분했고, 키질을 해서 남의 쌀을 까불어주면 여남은 식구까지 먹고살기에 넉넉하였다. 또한 나라에서 장정을 징발할 때도 팔을 휘두르며 큰길을 활보하고 다닐 수 있었고, 큰 부역이 있을 때도 고질병이 있다고 해서 소집이 면제 되었다. 반면에 나라에서 장애인들에게 곡식을 나누어줄 때면 3종*의 양식에 열 묶음의 장작까지 받았다.

이렇듯 몸뚱이가 불구인 사람도 그 몸을 길러 타고난 수명을 마칠 수 있거늘, 하물며 덕이 있으면서도 그것을 잊어버리고 부덕한 것처럼 된 사람이야 더 말할 나위가 있겠는가?

— [장자] 인간세

------ ⚬⚬⚬❀⚬⚬⚬ ------

장자는 몹시 추한 몸을 가졌지만 사회의 일원으로 구김살 없이 당당하게 살아가는 지리소를 이야기하였다. 그러나 장자가 이 이야기를 한 근본의도는 몸이 불구자인 지리소 한 사람만을 말하려는 데 있지 않다. 겉으로는 어딘지 어설프고 부족하고 못나 보이지만 마음속에는 진실로 아름다움을 지닌, 세상의 덕 있는 사람들의 삶과 모습을 지리소를 통해 말해보려 했을 것이다.

사람들은 대개 외형의 아름답고 추함에 집착한다. 이것은 크게 잘못된 생각이다. 인생에서 가장 중요한 것은 정신적으로 얼마나 건전하고 온전한가이지 겉모습이 아니다.

중국 삼국시대의 방통은 생김새가 아주 볼품없었지만 덕망이 높아, 유비로부터 제갈량 다음가는 융숭한 대우를 받았다. 또한 진나라의 좌사左思라는 시인은 용모만 보면 조물주의 실수라고 생각할 정도로 추남이었지만, 그가 지은 〈삼도부三都賦〉는 당시에 극찬을 받아 너도나도 돌려가며 베껴쓰느라 낙양의 종이값이 폭등하는 사태까지 벌어졌다. 영국의 역사가 에드워드 기번 역시 지독한 추남이었다. 뺨은 입안에 무엇인가를 물고 있는 것처럼 퉁퉁 부어올라 있었고, 눈은 작았으며 코는 낮았다. 그러나 그는 《로마제국 쇠망기》라는 유명한 저서를 남겨 역사적인 인물이 되었다.

이런 것을 통해서 보더라도 인생을 결정하는 것은 결코 겉모습의 미추美醜가 아니다. 내재적인 재능과 미덕을 통해서 외형적인 추함은 얼마든지 극복될 수가 있다.

중국의 문호 한퇴지의 다음 말은 사람을 관찰하거나 논평할 때에 무엇을 근거로 해야 하는가를 잘 가르쳐주고 있다.

"사람을 겉모습의 아름답고 추함만을 가지고 관찰하는 것은 그의 마음과 행위의 옳고 그름에 근거하여 논정하는 것의 실수 없음만 못하다."[1]

겉모습은 멀쩡해 보여도 정신적 장애인이 의외로 많은 것이 오늘날 우리의 현실이 아닌가 싶다. 정신적 장애인이야말로 진정한 불구자라는 사실을 다시 한 번 깨닫게 해주는 대목이다.

....

1 《잡설雜說》3 觀貌之是非 不若論其心與其行事之可否 爲不失也

미인을 보고 사슴은 줄행랑을 친다

사람은 습기가 많은 곳에서 자면 요통이 생기고 반신불수의 병에 걸리지만, 과연 미꾸라지도 그러한가? 사람은 나무 위에 올라가 있으면 두렵고 겁이 나지만, 과연 원숭이도 그러한가? 이 셋 중에서 누가 올바른 거처를 안다고 할 것인가?

사람은 소, 양, 개, 돼지의 고기를 먹고, 사슴은 풀을 먹으며, 지네는 뱀을 먹고, 솔개와 까마귀는 쥐를 먹는다. 이 넷 중에서 누가 올바른 맛을 안다고 할 것인가?

원숭이는 편저偏狙를 짝으로 삼고, 고라니는 사슴과 짝을 이루며, 미꾸라지는 물고기와 짝을 맺는다.

사람들은 모장毛墙과 여희麗姬를 최고의 미인이라 여기지만, 물고기는 그들을 보면 물 속 깊이 숨고, 새들은 공중으로 높이 날아가버리며, 사슴은 줄행랑을 친다. 이 넷 중에 누가 천하의 올바른 아름다움을 안다고 할 것인가?

— [장자] 제물론

사람들은 대체로 아름답고 추한 것, 선하고 악한 것에 대해 서로 엄격히 구별되는, 즉 혼동할 수 없는 개념으로 파악한다. 그러나 노자는 이와 전혀 견해를 달리하였다.

"세상 사람들이 모두 아름다움을 아름다운 것으로 알지만 이는 추악함일 뿐이다. 모든 사람이 착함을 착한 것으로 알지만 이는 착하지 않음일 뿐이다."[1]

노자는 사람들이 아름답고 선하다고 생각하는 것은 다른 각도에서 보면 추악하고 나쁜 것이 될 수도 있는 것이라 보았다. 그래서 모든 사물은 기본적으로 상대적인 것이며 절대적인 미추와 선악은 존재하지 않는다는 견해를 가졌다. 노자는 이런 관점에서 다음과 같이 말하였다.

"아름다움과 추악함은 그 차이가 얼마나 되는가."[2]

겉으로 나타나는 평면적인 현상만을 가지고서 바라보면 아름답고 추악한 것에 차이가 있어 보이지만, 그 내막을 본질적으로 들여다보면 단지 상대적인 것일 뿐 별 차이가 없다고 생각했던 것이다.

장자는 여러 가지 재미있는 비유를 통해, 갑에게는 좋게 여겨지는 것이 을에게는 나쁘게 여겨질 수도 있고, 을은 아름답다고 인식하는 것을 갑은 추하다고 인식할 수도 있으며, 따라서 좋고 나쁜

---

1 《노자》 2장 天下皆知美之爲美 斯惡已 天下皆知善之爲善 斯不善已
2 《노자》 20장 美之與惡 相去幾何

것, 아름답고 추한 것에는 절대적인 표준이 있을 수 없음을 말하고 있다.

인식의 표준은 저마다 다르기 때문에 인위적이고 주관적인 표준을 절대적이고 유일한 표준으로 삼을 수 없다는 장자의 논리는, 아름다움과 추함에 대해 절대적 개념을 지양하고 상대적 관점을 가지고 바라보기를 요구한 노자의 견해를 대체로 계승하고 있다고 할 수 있다.

밀밭에 잔디가 자라면 농부는 그것을 잡초라고 뽑아버린다. 그러나 잔디밭에서 밀이 자라는 것을 보는 사람은 밀을 잡초라고 뽑아버린다. 마찬가지로 예쁜 장미꽃밭에서 밀이 자라면 꽃을 가꾸는 사람은 밀을 뽑아버린다. 이처럼 때와 장소 그리고 인식여하에 따라서 아름답고 추한 것, 좋고 나쁜 것은 뒤바뀌기 마련이다.

일본 동해사東海寺의 다쿠안 선사(1573~1645)는 야스치모모야마安土桃山 시대 임제종臨濟宗의 고승이었다.

다쿠안 선사에게 자주 드나들던 한 젊은이가 있었다. 그는 어느 날 한 폭의 족자를 가지고 와서 다쿠안 선사에게 찬讚을 써주기를 요청하였다. 족자의 그림은 화려하게 채색된 창녀의 나체화였다. 젊은이는 항상 마른 나뭇가지나 차가운 바위처럼 보이는 다쿠안 선사를 한번 시험해보려는 속셈이었던 것이다.

그 그림을 보고 다쿠안 선사가 말했다.

"아, 이거 참 좋다 좋아! 나도 이런 미인을 두고 살면 얼마나 좋을까!"

선사는 이렇게 말한 뒤 곧 글씨를 써 내려갔다.

"자, 이정도면 될지 모르겠네. 한번 읽어보게."

젊은이는 글을 읽어 내려가면서 자신도 모르게 옷깃을 여미고 자세를 가다듬었다. 거기에는 다음과 같은 말이 씌어 있었다.

"부처는 진리를 팔고, 조사祖師는 부처를 팔고, 말세의 중생들은 조사를 파는데, 그대는 5척의 몸을 팔아서 일체 중생의 번뇌를 편안케 하는구나."

창녀는 추하다고 생각하는 것이 일반적인 통념일 것이다. 그러나 다쿠안 선사는 창녀를 '5척의 몸을 팔아서 중생의 번뇌를 편안케 한다'며 착하고 아름다운 여인으로 묘사하였던 것이다.

조선 불교의 터전을 닦은 무학대사(無學大師, 1327~1405)에 관한 일화이다.

하루는 태조 이성계가 무학대사를 수창궁으로 불러들여 환담을 나누다가 짐짓 농을 걸었다.

"스님은 오늘 따라 돼지 같아 보입니다."

무학대사는 얼굴색 하나 변하지 않고 태조의 말을 받았다.

"오늘 따라 대왕께서는 부처님같이 보입니다."

태조는 의외라는 듯한 표정을 지으며 무학대사에게 물었다.

"어째서 농을 하지 않으십니까?"

그러자 무학대사가 대답했다.

"돼지의 눈으로 보면 모두가 돼지로 보이고, 부처님의 눈으로 보면 모두가 부처님으로 보이는 것이지요."

부처님은 자비의 상징이요, 돼지는 탐욕과 어리석음의 상징이다.

부처님과 돼지는 한마디로 하늘과 땅의 차이가 있다고 할 수 있다. 그런데 무학대사는 보는 시각에 따라서는 돼지가 부처님으로 보일 수도 있고, 부처님이 돼지로 보일 수 있다고 피력했던 것이다.

이 두 이야기를 통해서 아름다움과 추함, 선과 악은 절대적인 것이 아닌 상대적인 것이며, 어떤 시각, 어떤 관점에서 보느냐에 따라서 평가가 판이하게 달라질 수 있다는 점을 알 수 있다 .이렇게 볼 때 위에서 말한 도가적 관점은 설득력을 지니고 있음을 확인할 수 있다.

그렇다면 도가는 어디에 기준을 두고 이러한 상대론적인 미추관과 선악관을 전개한 것일까?

다음 말들을 한번 살펴보도록 하자.

"도로써 바라보면 사물에는 귀하고 천한 것이 따로 없다."[3]

"문둥병 환자와 아름다운 서시西施는 도에서 보면 모두 동일하다."[4]

도가에서는 이와 같이 상대적 차원을 초월하여 존재하는 절대적 진리인 도를 최고의 가치기준으로 설정하여 논리를 전개하고 있는 것이다.

앞서 나온 장자의 이야기에 논리적 모순이 전혀 없는 것은 아니다. 예컨대 인식의 표준이 다른 점을 설명하면서 사람이 아닌 동물의 경우를 예로 들고 있는 점이 그러하다. 그러나 장자는 이것은 아름답고 저것은 추하다, 이것은 선하고 저것은 악하다는 고정관념의

....

3 《장자》 추수 以道觀之 物無貴賤
4 《장자》 제물론 厲與西施 道通爲一

틀 속에 갇혀 살아가는 우리에게, 새로운 시야로 미와 추, 선과 악을 바라볼 수 있게 해주는 지혜를 제공하는 것만은 확실하다.

《채근담》에 나오는 말이다. 장자의 논조를 잘 대변하고 있는 내용이라고 생각하기에 인용하여 덧붙인다.

"꾀꼬리 우는 소리는 아름답다 하고 개구리 우는 소리는 시끄럽다고 하는 것이 보통 인정이다. 아름답게 핀 꽃은 귀여워하고 잡초가 우거진 것은 보기 싫다고 뽑아버리는 것이 인정이다. 그러나 어느 것이 아름답고 어느 것이 밉다는 것은 다 사람 감정이 정한 것이지 대자연의 큰 눈으로 본다면 꾀꼬리 울음소리나 개구리 울음소리나 각기 생명의 노래일 뿐이고, 아름다운 꽃이나 잡초나 다 같이 생명 있는 것의 모습일 뿐이다."

못생긴 애태타

노나라의 애공哀公이 공자에게 물었다.

"위나라에 얼굴이 추한 사내가 있는데, 이름이 애태타哀駘它입니다. 그런데 애태타와 같이 있는 남자들은 그를 사모하여 떠나지 못하고, 여자들은 그를 보기만 하면 곧 부모에게 다른 사람의 처가 되기보다는 그의 첩이 되겠다고 수십 명이나 간청한다고 합니다.

애태타는 제 주장을 내세운 적이 없고 지식은 광범위하지 못하며 항상 남의 의견에 맞출 뿐이라고 합니다. 그는 높은 자리에 올라 남을 죽음에서 건져준 적도, 재산을 많이 모아 남을 배부르게 해준 적도 없습니다. 게다가 그의 추악한 얼굴은 온 천하가 다 놀랄 지경입니다. 그런데도 많은 남녀들이 모여드는 것을 보면 그에게는 확실히 남과 다른 무엇이 있는듯합니다.

그래서 저도 한번 그를 불러본 적이 있습니다. 과연 그 추한 얼굴은 천하를 놀라게 할 만했습니다. 그런데 그와 함께 지낸 지 한 달이 못되어 저는 그의 사람됨을 사모하게 되었고, 일 년이 못 되어 그를 완전히 믿게 되었습니다. 마침 나라에 국정을 담당할 재상이 없어서 저는 그에게 정사를 맡기려 했습니다. 그는 마지못해 승낙하면서도 뜻이 없어 곧 사양할 듯 보였습니다. 저도 제가 못나서 그런가 부끄러이 생각하기도 했지만 기어이 나라를 맡겼습니다.

그러나 결국 얼마 안 가서 그는 저를 버리고 떠났습니다. 저는 슬픔에 잠겨 무엇인가 큰 것을 잃은 듯하였고, 온 나라에 저와 함께 즐거움을 나눌 사람이 아무도 없는 것 같았습니다. 대체 이 사람은 어떤 사람입니까?"

공자가 말했다.

"제가 일찍이 초나라에 사신으로 갔을 적에 마침 새끼돼지들이 막 죽은 어미의 젖을 빠는 모습을 본 적이 있습니다. 새끼들은 조금 있더니 어미 돼지가 죽은 것을 발견하고 모두 놀라 어미를 버리고 달아났습니다. 이것은 죽은 어미가 지각이 없어 살아 있을 때와 같지 않았기 때문일 것입니다. 무릇 어미를 사랑함은 형체를 사랑함이 아니라 그 형체를 주재하는 정신을 사랑하는 것임을 알 수 있습니다.

전쟁터에서 죽은 사람을 장사지낼 때에는 관에 깃털장식을 쓰지 않으며, 다리가 잘린 사람은 전에 신던 신을 아깝게 여기지 않는 법입니다. 그것은 모두 근본이 없어졌기 때문입니다.

형체만 온전해도 사랑을 가질 수 있거늘, 하물며 완전한 덕을 가진 사람은 어떻겠습니까? 저 애태타는 말하지 않아도 사람이 미더워 하고, 공적이 없어도 사람이 친하려 들며, 남이 제 나라를 맡기면서도 혹시나 받지 않을까 염려하게까지 했습니다. 애태타는 반드시 그 재능은 완전하고 그 덕은 드러나지 않는 사람일 것입니다."

— [장자] 덕충부德充符

중국 당나라 때 대숭戴嵩이라는 화가가 있었는데 그는 특별히 소를 잘 그렸다. 그의 명작으로 〈싸우는 소〉가 있었다. 이 그림이 사천의 두씨杜氏라는 장서가의 손에 들어가게 되었다. 두씨는 그림을 함 속에 깊이 감춰두고 좀체 남에게 구경시키지 않았는데, 어느 화창한 봄날 그림에 바람을 쐬게 하기 위해 조심스럽게 꺼내어 바깥벽에 걸어놓았다.

때마침 그 집 목동이 뜨락으로 지나가다가 그림을 보고 깔깔대며 웃었다. 두씨가 이상하게 여겨 웃는 이유를 물으니 목동은 다음과 같이 대답하였다.

"나으리, 저는 소를 먹이면서 소들이 싸우는 것을 많이 구경했지만 저렇게 싸우는 소는 본 일이 없습니다. 소들은 싸울 때 전반신에 힘을 주지 꼬리에 힘을 주지 않습니다. 싸울 때는 언제나 꼬리를 두 허벅지 사이에 단단히 끼우는데, 아무리 힘센 장사가 잡아당겨도 빠지지 않습니다. 그런데 저 그림의 소는 힘이 대단한 것처럼 보여도 꼬리를 잔뜩 치켜올렸으니 어찌 사리에 맞는다고 하겠습니까."

북송 문인 소동파의 〈대숭화우戴嵩畵牛〉라는 글에 나오는 이야기다. 아무리 아름다운 그림이라도 이처럼 사물의 진실된 모습을 그리는 데 실패했다면 결코 좋은 그림이 될 수 없을 것이다.

《논어》 팔일八佾편에서는 진정한 음악에 대해 이렇게 쓰고 있다.

"공자는 순임금의 음악과 무왕의 음악을 듣고 난 뒤, 착한 것과 아름다운 것이 결합을 이룬 진선진미한 순임금의 음악이야말로 진정한 음악이라고 높이 평가하였다."[1]

한편, 셰익스피어는 자신의 예술적 경험을 개괄하여 다음과 같이 읊었다.

참된 것, 착한 것, 아름다운 것
이것은 나의 예술의 전체 주제
참된 것, 착한 것, 아름다운 것
이들은 각기 다른 노래로 변하나니
나는 창조의 힘을 그 변화 속에 기울이노라
이 세 가지의 결합이 아름다운 형상을 낳기에.

애태타는 얼굴이 못생긴 데다 지위도 재산도 없었고, 또 내세울 만한 지식을 가진 것도 아니었다. 그런데도 그는 많은 사람들로부터 사랑과 존경을 받았다. 그 이유는 무엇인가? 장자는 위에서 공자의 입을 빌어 '안으로 온전한 재능과 드러나지 않는 덕을 간직하고 있기 때문일 것'이라고 하였다. 애태타는 참된 것을 토대로 하고 착한 것을 넋으로 삼아 몸과 마음이 아름다움으로 승화된, 다시 말해 참된 것, 착한 것, 아름다운 것이 결합을 이룬 사람이었다.

음악, 미술, 문학 할 것 없이 모든 예술의 영역에 걸쳐서 어떤 작품이 걸출한 명작이 되기 위해서는 반드시 참된 것, 착한 것, 아름다운 것이 결합을 이루어야 한다. 이러한 논리는 비단 예술의 경우에

---

1 子謂韶 盡美矣 又盡善也 謂武 盡美矣 未盡善也

서뿐만 아니라 인생과 사회 전반에 걸쳐서도 그대로 적용된다고 할
수 있을 것이다.

덕이 높으면 겉모습은 잊혀진다

절름발이, 곱사등이 언청이이기까지 한 사람이 위衛나라 영공靈公에 게 도를 이야기했다. 영공은 그를 몹시 좋아해서, 몸이 온전한 사람을 보면 도리어 그들의 목이 너무 가늘어 보인다고 하였다.

목에 항아리만한 큰 혹이 달린 사람이 제齊나라 환공桓公에게 가서 도를 이야기했다. 환공은 그를 몹시 좋아해서, 형체가 온전한 사람들 을 보면 그들의 목이 도리어 너무 가늘어 보인다고 하였다.

이처럼 덕이 높으면 그 겉모습은 잊혀진다. 그런데 세상 사람들은 잊어야 할 것은 잊지 않고, 잊지 말아야 할 것은 잊어버린다. 이를 일 러 참으로 잊어버림이라고 한다.

— [장자] 덕충부

아름다운 진주는 깊은 바다 밑에 사는 진주조개에서 나온다. 어쩌다 속으로 작은 모래 한 알이나 깨진 조가비 부스러기 같은 것이 들어가면 진주조개는 그것을 진주모라는 하얗고 반짝이는 것으로 덮어버린다. 딱딱하고 반짝이는 진주모가 여러 겹으로 쌓이면 진주가 만들어지게 된다.

진주조개의 겉모습은 얼마나 이상스럽고 볼품없는가? 그렇지만 그 겉모습 때문에 진주를 버리는 사람은 아무도 없다.

위에서 장자는 외형이 몹시 흉하게 생긴 두 사람이 위나라와 제나라의 두 임금으로부터 외형이 온전한 사람들보다 오히려 찬사와 환영을 받았다는 이야기를 하고 있다. 내재적 아름다움이 외형적 아름다움보다 중요하다는 사실을 설명하고 있는 것이다.

《주역》은 진정한 아름다움에 관하여 다음과 같이 말한다.

"군자는 아름다움이 자신의 마음속에 있어 행동에 표현되고 사업에 발현되니 이는 바로 아름다움의 극치이다."[1]

또한 맹자는 "몸과 마음이 도덕으로 충만된 것을 아름다움이라 한다(充實之謂美)"고 하였고, 순자는 아름다움과 추함의 기준을 다음과 같이 설명하였다.

"얼굴 모양이 비록 추악하다 할지라도 내재적인 마음이 선량하다면 군자가 되는 데 방해되지 않는다. 얼굴 생김새가 비록 아름답다

---

1 곤괘문언坤卦文言 君子 美在其中 而暢於四肢 發於事業 美之至也

하더라도 내재적인 마음이 추악하다면 소인이 되는 데 방해되지 않는다."[2]

이를 통해서 본다면 유가에서도 겉모습이 아닌 내면세계의 미를 아름다움의 핵심으로 삼고 있음을 알 수가 있다.

레오나르도 다빈치의 〈최후의 만찬〉에 얽힌 일화 역시 이러한 점을 잘 설명하고 있다.

다빈치는 〈최후의 만찬〉에 그려 넣을 예수의 모델을 찾기 위해 많은 애를 쓰고 있었다. 어느 날 그는 피에트로 반디네리라는 참으로 선하게 생긴 교회의 성가대원을 발견하게 되었다. 그는 기꺼이 예수의 모델이 되어주었다. 그 뒤 피에트로는 로마로 음악 공부를 하러 갔는데, 거기서 그만 나쁜 친구와 사귀어 방탕한 생활에 빠지고 말았다.

한편, 다빈치는 〈최후의 만찬〉의 마지막 단계에서 장벽에 부딪쳐 한동안 그림을 완성할 수가 없었다. 예수를 배반한 유다의 모델을 찾지 못하고 있었기 때문이다. 그러다 마침내 그토록 찾아 헤매던 유다의 모델을 발견하게 되었다. 다빈치는 그 사람의 악한 얼굴을 모델로 해서 〈최후의 만찬〉을 완성하였다. 그런데 나중에 알고 보니 유다의 모델이 된 사람은 다름 아닌 예수의 모델을 했던 피에트로였다.

똑같은 사람도 마음가짐의 여하에 따라서 그 모습이 예수처럼 아름다워 보일 수도 있고, 그와 정반대로 유다처럼 추악해 보일수도

....

2 《순자》 비상非相 形相雖惡 而心術善 無害爲君子也 形相雖善 而心術惡 無害爲小人也

있다. 이 일화는 외형적인 아름다움과 추악함에 내면적인 정신세계가 얼마나 깊은 영향을 미치는가를 실감할 수 있게 해준다.

요즈음 마음의 아름다움은 잃어버린 채 육체의 아름다움만을 가꾸는 사람들이 많다. 장자가 지적한 대로 정작 잊어야 할 것은 잊지 않고 잊어서는 안 될 것은 잊고 사는 셈이다. 서글픈 일이다.

자연의 도 사람의 도

혼돈의 죽음

남해南海의 임금을 숙儵이라 하고, 북해北海의 임금을 홀忽이라 하며, 중앙의 임금을 혼돈渾沌이라 한다.

숙과 홀이 때때로 혼돈의 땅에서 만나곤 했는데 혼돈은 그들을 매우 잘 대접해주었다. 숙과 홀은 혼돈의 은덕에 보답하기 위해 이렇게 의논하였다.

"사람들은 모두 일곱 개의 구멍, 즉 눈 둘, 귀 둘, 코 둘, 입 하나가 있어서 보고 듣고 먹고 숨쉬고 하는데, 유독 혼돈만 그것이 없으니 우리가 뚫어주도록 합시다."

그래서 그들은 하루에 구멍 하나씩을 뚫었다. 그러나 이레째가 되자 혼돈은 그만 죽고 말았다.

— [장자] 응제왕應帝王

《장자》의 매력은 장자 자신의 이상과 사상을 도덕적 규범으로 강요하거나 철학적 사변으로 이해시키려 들지 않고, 적절한 비유와 암시를 통해 희극적으로 묘사하는 데 있다.

위의 이야기에서 숙은 '문득', 홀은 '홀연히'의 뜻으로서 신속하게 이루어지는 인위적인 작용을 가리킨다. 이에 반해 혼돈은 인위적인 작용이 전혀 가해지지 않은 '순수한 자연 본래의 상태'를 나타낸다.

혼돈이 숙과 홀에 의해 일곱 개의 구멍이 뚫려 죽게 된다는 설정은 인위 때문에 파괴되어버린 자연을 비유한 것이다. 비록 짧은 내용이지만 자연에 함부로 가해지는 인간의 작위와 잔재주가 얼마나 어리석은 것인지를 상기시켜주고 있다.

문명은 인간의 입장에서 보면 발달이지만 자연의 입장에서 보면 파괴이다. 문명이 발달할수록 자연은 그만큼 상처를 입는다. 인류는 그동안 개발이라는 이름 아래 자연을 파괴하고 정복하기를 서슴지 않았다. 문명의 갈고리로 자연의 가슴에 생채기를 내고, 개발의 수레바퀴로 자연의 팔과 다리를 마구 밟고 지나갔다.

과학이 이 땅을 낙원으로 만들어줄 것으로 믿고 과학기술의 개발에 박차를 가했으나, 산업화와 기계화에 따른 환경의 황폐화는 지구를 낙원이 아닌 지옥으로 만들고 있다. 현대문명이 과학화와 산업화를 지금과 같은 추세로 계속 전개해간다면 머지않은 장래에 인류는 병든 지구와 함께 멸망할 것이 분명하다.

이제 서둘러 우리는 자연의 정복이 아닌 회복에, 자연에 대한 도전이 아닌 치유에 나서야 한다. 도가의 자연 존중, 자연 회귀 사상이야말로 환경의 위기를 극복할 수 있는 훌륭한 처방이다. 죽어가는 자연을 살리기 위해, 병들어가는 인류를 구하기 위해 일시적인 환경 운동에 그칠 것이 아니라, '인간의 자연화를 위한 철학'으로 우리 자신의 정신을 가다듬을 필요가 있지 않겠는가.

학의 다리와 오리 다리

천하의 지극히 바른 길은 자연스런 본바탕을 잃지 않는 것이다. 본
바탕대로 사는 사람은 자신의 발가락이 붙어서 네 발가락이라고 하여
싫어하지 않고, 자신의 손가락이 갈라져 여섯 손가락이라고 하여도 싫
어하지 않는다. 또한 길어도 남는다고 생각하지 않고 짧아도 모자란다
고 여기지 않는다.

오리 다리가 짧다고 해서 이어주면 걱정이 생기는 법이요, 학의 다
리가 길다고 해서 끊어주면 슬픔이 생기는 법이다. 그러므로 본래부터
긴 것은 끊을 것이 아니요, 짧은 것은 이을 것이 아니다. 천성대로 두
면 근심은 스스로 없어질 것이다. 생각건대 인의仁義는 사람의 참된 모
습은 아닌 것 같다. 인의에는 어쩌면 그렇게도 걱정이 많은가?

붙은 발가락도 갈라 째면 울 것이요, 육손이의 여섯째 손가락도 물
어서 끊으면 울 것이다. 이 둘은 하나는 그 수가 본래보다 하나 더 있
고 하나는 모자라지만 걱정하기는 매한가지인 것이다.

오늘날 세상에서 어질다고 하는 이는 근심스런 눈길로 세상의 걱정

거리를 바라보지만, 그것은 어질지 않은 이가 제 자연스런 본바탕을 어지럽혀 부귀를 탐하는 것과 다를 바가 없다. 이렇게 생각하면 인의는 사람의 자연스런 본바탕이 아닌 듯하다. 하, 은, 주 삼대 이래로 천하는 왜 그다지도 시끄러웠던가!

— [장자] 변무駢拇

─────────✼─────────

장자는 인간사회에서 수없이 저질러지는 자연파괴 행위를 지적하기 위해서 학의 다리와 오리 다리를 예로 든 것이라 여겨진다. 학이 여러 마리 닭 가운데 서 있는 걸출한 모습을 일컬어 군계일학群鷄一鶴이라고 한다. 그러나 한편으로는 그 다리가 너무 길어 거추장스러워 보이기도 한다. 반면 오리는 몸집에 비해서 다리가 너무 짧은 나머지 그 걸음걸이가 여간 우습지 않다. 그래서 우리는 얼핏, 학의 긴 다리를 잘라서 오리의 짧은 다리에 이어주면 학과 오리 모두 균형을 잡을 것이라 생각하기도 한다. 하지만 이것은 잘못된 생각이다. 학에게는 학의 삶이, 오리에게는 오리의 삶이 따로 존재한다. 우리의 생각과는 달리 학은 긴 다리를 거추장스러워하지 않고 오리는 짧은 다리를 불편해하지 않는다. 이는 자연의 심오한 섭리에 따른 것이기 때문이다.

인간은 그동안 학의 다리를 잘라 오리의 다리에 이어주는 식의 인위적인 행위를 무수히 저질러왔다. 그 결과 자연은 파괴될 대로 파괴되어 본바탕을 잃어버리게 되었다.

사실, 장자는 자연스런 본바탕을 잃지 않는 것만을 천하의 지극히 바른 길로 생각하여, 인의도덕까지도 사람의 참된 모습이 아니라고 치부했다. 이와 같은 논리에 현실성을 부여하기란 어려울 것이다. 그러나 자연의 본래 상태를 사랑한 장자의 정신은 인위적인 조작에 길들여져 있는 오늘날의 우리가 높이 사야 마땅한 것이 아니겠는가.

염소를 잃은 사내종과 계집종

하, 은, 주 삼대 이후로 천하에 외부의 사물로 인해 제 본성의 모습을 상실하지 않은 이가 없었다.

백성들은 이익을 위해 목숨을 걸고, 선비는 명예를 위해 목숨을 걸고, 관료는 지위를 위해 목숨을 걸고, 성인은 천하를 위해 목숨을 바쳤다. 이들은 서로 한 일도 명성도 달랐지만 본성을 해치고 목숨을 죽인 점에서는 같았다.

어느 날 사내종과 계집종이 각각 염소를 치다가 둘 다 염소를 잃어버렸다. 사내종에게 '어쩌다가 염소를 잃었는가?' 하고 물었더니 '책을 읽다가 잃었소'라고 대답했다. 이번에는 계집종에게 '어쩌다가 염소를 잃었는가?' 하고 물었더니 '노름을 하다가 잃었소'라고 대답했다. 이 둘은 각자 한 일은 다르지만 염소를 잃어버린 점에서는 마찬가지이다.

백이는 명예를 위해 수양산 밑에서 죽었고, 도척盜跖은 이익을 위해 동릉東陵의 산 위에서 죽었다. 두 사람이 죽은 까닭은 다르지만 목숨을 죽이고 본성을 해친 점에서는 같다.

그런데 어째서 백이는 옳고 도척은 그르다고 하는가? 세상에서는 인의를 위해 죽은 사람을 군자라 일컫고, 재물을 위해 죽은 사람을 소인이라 일컫는다. 목숨을 죽이고 본성을 해친(殘生損性) 점에서 도척이나 백이가 다를 바 없는데, 어떻게 군자니 소인이니 하는 구별을 둘 수가 있는가?

— [장자] 변무

도척은 중국 춘추시대 노나라 사람으로 9천 명이나 되는 많은 부하들을 거느리고 다니면서 남의 재물을 약탈하고 부녀자를 겁탈하는 등 극악무도한 행위를 서슴지 않은 자이다.

백이는 주나라 무왕이 신하로서, 천자인 은殷의 주왕紂王을 정벌하자 이를 의롭지 못한 일로 여겨 끝까지 주나라와의 타협을 거절한 사람이다. 그는 수양산에 들어가 평생 고사리를 캐먹고 살다 죽었다.

맹자는 백이를 '백세百世의 뒤까지도 맑은 바람을 일으켜주는 위대한 인물'이라고 평가하였고, 한퇴지韓退之는 〈백이송伯夷頌〉이란 글을 지어 백이를 '해나 달보다 밝고 태산보다도 높다'고 칭송하였다.

도척과 백이는 이처럼 악과 선으로 상징되는 극히 대조적인 인물이다. 그런데 왜 장자는 이 두 인물을 동일시하는 상식 밖의 발언을 한 것일까?

그것은 유가와 도가의 가치관의 차이에서 연유한 것이다. 유가는 인의를 인간의 최고 가치로 생각하는 데 반하여, 도가는 자연을 최고의 가치로 여긴다.

유가에서 인의를 실천으로 보여준 백이의 정신을 높이 평가하는 것은 당연한 일이다. 그러나 도가에서는 불인不仁이나 불의不義는 말할 것도 없고, 인이니 의니 하는 것조차도 자연의 본성 그대로가 아닌 인위와 조작이 가미된 행위로 받아들인다.

노자의 '도를 잃어버린 뒤에 덕이 있게 되고, 덕을 잃어버린 뒤에 인이 있게 되며, 인을 잃어버린 뒤에 의가 있게 되고, 의를 잃어버린 뒤에 예가 있게 되었다(失道而後德 失德而後仁 失仁而後義 失義而後禮)' '인과 의를 버리면 백성이 백 배나 더 이롭게 된다(絶仁棄義 民利百倍)' 등의 말은 도가의 가치관이 어떠한 것인지를 잘 보여주는 것이라 할 수 있다.

이런 까닭에 도가에서는 재물에 집착하여 악을 행한 도척과 명분에 집착하여 의를 행한 백이는 비록 선악의 차등은 있지만, 자연의 본성을 해쳐서 몸을 죽인 점에서는 마찬가지라는 논리를 세울 수 있었던 것이다. 장자는 위의 이야기에서 염소를 잃어버린 것이 그 과정은 다르지만 결과에서는 동일하다는 비유를 통해, 백이와 도척이 외부의 사물로 진실한 본성을 상실한 점은 같다고 설명한 것이다. 선악의 구분을 경시한 장자의 논조에 전적으로 동의를 표하기는 어려울 것이다. 하지만 어떠한 인위적인 조작도 가해지지 않은 순수한 자연 본래의 상태를 존중하는 도가의 자연 제일주의적 정신은, 형식과 허위와 조작이 극에 달한 오늘날의 현실 앞에 일종의 청량제로서의 가치를 충분히 가지고 있다고 할 것이다.

기계의 사용을 거부한 노인

자공이 초나라에 놀러갔다가 진나라로 돌아올 때였다. 한수漢水의 남쪽을 지나려는 순간, 한 노인을 보게 되었다.

그 노인은 마침 채소를 가꾸느라고, 우물 한 옆으로 통하는 길을 파고 물동이로 물을 길어 밭에 주고 있었다. 힘은 무척 많이 들지만 공은 적어 보였다.

자공이 노인에게 말했다.

"이런 일에 적당한 기계가 있습니다. 하루에 백 이랑의 밭에 물을 줄 수 있지요. 그 기계를 쓰면 힘은 적게 들고 공은 많을 텐데, 노인께서는 어찌 그런 것을 쓰지 않으십니까?"

노인이 고개를 들어 쳐다보며 말했다.

"그것은 어떤 기계요?"

자공이 답했다.

"나무를 깎아서 만든 기계인데, 뒤는 무겁고 앞은 가볍게 되어 있습니다. 이것으로 물을 푸면 끌어당기듯이 아주 쉽게 물을 풀 수 있습니다. 게다가 그 빠르기는 마치 물이 끓어오르듯이 하지요. 용두레라는 것입니다."

노인은 순간 언짢은 빛을 하였다가 다시 웃으면서 말했다.

"나는 스승님께 이렇게 들은 적이 있소. 기계를 가지게 되면 반드시 기계에 관한 일이 생기기 마련이고, 기계에 관한 일이 생기면 반드시 기계에 얽힌 마음이 생기기 마련이라고 말이오. 기계에 얽힌 마음이 생기면 순백한 천성을 잃게 되고, 순백한 천성을 잃으면 마음이 안정을 잃게 되며, 마음이 안정을 잃으면 도道에서 멀어지게 되오. 내가 기계를 모르는 것이 아니라, 그것을 부끄러이 여겨 쓰지 않을 뿐이오."

자공은 부끄러운 마음이 들어 고개를 숙이고 아무 말도 하지 못하였다.

— [장자] 천지天地

로댕은 《예술과 자연》에서 이렇게 쓰고 있다.

"과학은 행복을 주는가? 나는 그렇게 생각하지 않는다. 기계학은 그야말로 일반의 예지를 저하시킨다."

기계는 작업의 능률을 올려주는 반면에 인간의 정신생활을 위축시키는 요소를 많이 내포하고 있다. 한 예로 자동차는 이제 옷과 같은 일상품이 되었다. 활동성을 증가시키는 긍정적인 측면 때문이다. 그러나 자동차가 인간의 정신에 불쾌지수를 증가시킨다는 사실 또한 부인할 수 없다. 운전석에만 앉으면 자기도 모르는 사이에 심적

긴장과 불안이 고조되어, 정신적 위축 상태가 극에 달하게 되는 것이다.

한수 남쪽에 살던 노인은 자기 마음의 순백한 상태를 깨뜨리기가 싫어서 기계의 편리함을 알면서도 그것을 거부하였다.

오늘날에는 기계를 '강철로 만들어진 새로운 신'이라며 극찬하는 사람들도 있다. 그러나 기계가 인간에게 가져다주는 편리함 못지않게 그 해악도 막대하다는 사실을 감안한다면, 우리도 이 고집스런 노인의 지혜를 한번쯤 돌이켜봐야 하지 않겠는가.

쇠코를 뚫는 것을 인위라 한다

하백河伯이 물었다.

"무엇을 자연이라 하고 무엇을 인위라 합니까?"

북해약北海若이 말했다.

"소나 말의 발이 네 개인 것을 자연이라 하고, 말머리에 굴레를 씌우고 쇠코를 뚫는 것을 인위라 한다. 그러므로 인위로써 자연을 망치지 말고, 조작으로써 본래 모습을 훼손하지 말고, 탐욕으로써 명리名利에 따르지 말라고 하는 것이다. 이 세 가지를 삼가 지켜 잃어버리지 않는 것을 '그 참에 돌아감'이라고 한다."

— [장자] 추수秋水

오늘날 지구 환경의 위기는 상상 이상으로 심각하다. 그 주범은 무

엇인가? 바로 산업화, 과학화이다.

장자는 일찍이 수천 년 전에 인위와 조작으로써 자연 본래의 모습을 훼손하지 말고 참으로 돌아가라고 외쳤다. 이러한 장자의 가르침은 놀라운 선견지명이라 아니할 수 없다. 장자는 이미 수천 년 전에 쇠코를 뚫고 말에 굴레를 씌우는 문명화가 결국 지구를 황폐하게 만들 것이란 점을 간파했던 것이다.

동양에서는 예로부터 자연과 인간의 대립 대신 조화를, 힘에 의한 자연의 정복 대신 지혜로 자연을 본받고자 하는 전통이 이어져왔다.

유가의 《주역》은 자연계의 현상을 관찰하여 여러 법칙을 발견하고, 이를 다시 인류의 일상생활에 끌어들여 설명하였다. 이러한 자연법칙을 천도天道라 하며, 천도에서 발전시킨 인간의 생존법칙을 인도人道라 한다. 그렇기에 《주역》은 우주의 자연법칙을 기초로 해서 인간이 자연계와 사회환경 가운데 조화를 이루며 살아갈 수 있는 원리와 법칙을 밝혀놓은 책이라고 할 수 있다.

《주역》의 건괘乾卦에 "하늘의 운행은 굳세어 쉼이 없다. 그러므로 군자는 이를 본받아 스스로 힘써 노력하여 쉬지 않는다(天行健 君子以 自彊不息)"라고 한 것이나, 곤괘坤卦에 "땅의 형세는 순후順厚하다. 그러므로 군자는 이를 본받아 순후한 덕으로 만물을 포용한다(地勢坤 君子以 厚德載物)"라고 한 것 등이 그 좋은 예가 된다.

유가의 여러 경전에는 인간과 자연은 넓은 의미에서 하나의 존재라는 '천인합일天人合一'을 강조한 대목이 자주 눈에 띈다. 이러한 정신은 특히 장재(張載 : 1020~1077, 북송의 유학자)가 쓴 《서명西銘》에 잘 표현되어 있다.

"하늘은 나의 아버지이고 땅은 나의 어머니이다. 나는 이렇게 보잘것없는 존재이지만 하늘과 땅의 한가운데 처해 있다. 그러므로 하늘과 땅 사이에 가득 차 흐르는 기운은 나의 몸뚱이고, 하늘과 땅을 지배하는 주재자는 나의 성품인 것이다. 인류는 모두가 나의 자매이고 생물은 모두가 나의 동반자이다."[1]

《중용》에는 '안으로 자기 자신을 완성하고 밖으로 우주만물을 완성시킬 것(成己成物)'과 '화육을 도와주고 천지자연에 참여할것(贊化育 參天地)'을 말하고 있다.

맹자는 "가족을 사랑하고 나아가서 이웃을 사랑하며, 더 나아가서 자연을 사랑하라(親親而仁民 仁民而愛物)"고 강조했다. 이처럼 유가의 인간 사랑은 가족 사랑과 이웃 사랑의 차원을 넘어 자연 사랑의 단계로까지 확대되며, 인간의 완성은 자기 완성에서 그치지 않고 우주만물과 함께 완성할 것을 목표로 하였다.

다음에 인용하는 글들은 유가의 자연 사랑이 어떤 것인지를 잘 밝혀주고 있다.

"촘촘한 그물로 잔 물고기까지 한꺼번에 다 잡지 않는다면 물고기는 남아서 다 먹을 수가 없을 것이며, 알맞은 시기에 산에 들어가 도끼로 나무를 벤다면 재목은 남아서 다 쓸 수가 없을 것이다."[2]

"성인聖人은 풀과 나무가 한참 자랄 시기에는 산림에 도끼나 낫을 들고 가서 그 생장을 중간에 끊는 일이 없도록 하고, 어패류가 알을 배거나 그 알이 부화될 시기에는 연못에 그물이나 독약을 갖고

....

1 乾稱父 坤稱母 予玆藐焉 乃混然中處 故天地之塞 吾其體 天地之帥 吾其性 民吾同胞 物吾侶也
2 《맹자》 등문공 數罟不入洿池 魚鼈不可勝食也 斧斤以時入山林 材木不可勝用也

가서 그 생장을 중도에 끊는 일이 없도록 한다."[3]

그렇다면 불교의 자연에 대한 관념과 인식은 어떤 것일까? 불교의 자연 사랑은 유가의 그것에 비해 그 정도가 한층 더하다고 할 수 있다. 《화엄경》에 나오는 다음 구절은 이를 분명하게 보여주고 있다.

"이 세상에 존재하는 모든 생물은(…)내가 그들을 다 잘 대우하여 섬기고 공양하기를 마치 부모를 공경하고 스승을 받드는 것처럼 하며, 심지어는 부처님을 섬기고 공경하는 것과 똑같이 하여 차이가 없게 한다."[4]

모든 생물을 부처님처럼 대한다는 《화엄경》의 위 구절에서 우리는 자연과 나를 둘이 아닌 동일한 존재로 보는, 아니 나 자신보다도 자연을 더 사랑하는 불교의 자연관을 만나게 된다. 불교에서 풀 한 포기, 나무 한 그루, 벌레 한 마리의 생명까지도 소홀히 여기지 않는 근본원인이 여기에 있다고 하겠다.

한편, 도가의 자연관은 노자와 장자의 다음 말들에 잘 반영되어 있다.

"사람은 땅을 본받고 땅은 하늘을 본받고 하늘은 도를 본받고 도는 자연을 본받는다."[5]

---

3 《순자》왕제王制 聖人制也 草木榮華滋碩之時 則斧斤不入山林 不夭其生 不絶其長也 魚鼈虫秋亶孕別之時 罔罟毒藥不入澤 不夭其生 不絶其長也
4 所有衆生(…)我皆于彼隨順而轉 種種承事 種種供養 如敬父母 如奉師長 乃至如來 等无有異
5 《노자》25장 人法地 地法天 天法道 道法自然

"천지는 나와 생존을 같이하고 만물은 나와 한 몸이다."[6]

도가에서는 인간과 자연이 둘이 아님은 물론이고 자연을 사람과 땅과 하늘보다도 우위에 두어, 이 세상의 모든 가치에 우선하는 최고의 가치, 최상의 개념으로 파악하였다.

유·불·도 삼교의 자연관을 정리해보면, 유가의 자연관은 먼저 내 가족과 이웃을 사랑한 연후에 자연도 함께 사랑하라고 말하는 데 비해, 도가와 불교의 자연관은 자연을 내 몸, 스승과 부모, 그 이상으로 존경하고 사랑하라고 말하고 있다. 도가와 불교는 유가보다 더 적극적인 자연 애호의 입장에 서 있다고 할 수 있다. 그러나 적극적이냐 소극적이냐의 차이가 있음에도, 기본적으로 유·불·도 삼교는 모두 인간과 자연을 분리될 수 없는 하나의 존재로 본다는 점에서 같다.

오늘날 지구의 환경오염이 극한상황에까지 이른 근본적인 이유는 무엇인가? 그것은 자연과 인간을 서로 무관한 별개의 존재로 여기고, 자연을 인간의 이기적 욕망을 달성하는 도구로만 생각해온 서구의 과학기술, 물질 위주의 사상에 기인한 바 크다. 에리히 프롬은 《소유냐 삶이냐》에서 바로 이 점을 적절하게 지적하였다.

"우리는 인간과 자연의 조화라는 선지자들의 비전을 포기하고, 자연을 정복하고 그것을 우리의 목적에 맞게 변형시키는 것으로 문제를 해결하려 했다. 그 결과 자연의 정복은 자연의 파괴에까지 이

....

6 《장자》제물론齊物論 天地與我幷生 萬物與我爲一

르게 되었다. 정복과 적대감에 눈먼 우리는 자원이 유한하다는 사실, 마침내 고갈되어버릴 수도 있다는 사실, 자연이 인간의 탐욕에 대해 반격을 가해오리라는 사실을 인식하지 못했다."

인간과 자연이 공멸하지 않고 공생하기 위해서는, 죽어가는 자연을 치유하여 인간과 자연이 적대와 대립이 아닌 화해와 조화를 이룰 수 있는 방향으로 나아가야만 한다. 새로운 가치관의 정립이 절실히 요청되는 이러한 때 인간과 자연의 일체화 내지 조화를 강조하는 동양사상적 자연관, 특히 자연을 최고의 가치로 예찬하여 인간에게 일체의 인위를 버리고 자연으로 돌아가기를 요구하는 도가적 자연관은 그 시사하는 바가 크다 하겠다.

오늘의 병든 지구가 새롭게 거듭날 수 있는 가능성의 맥을 여기서 찾아봄직도 하다.

사흘 만에 죽어버린 바다새

옛날에 어떤 바다새가 노나라의 들판에 날아와 앉았다. 노나라 임금은 그 새를 맞아들여 궁중에서 잔치를 베풀었다. 순임금의 음악을 연주하고 소를 잡아 반찬을 장만하는 등 성대히 대접하였다.

그러나 바다새는 눈도 부시고 근심도 되어 슬퍼할 따름이었다. 그래서 고기 한 점 먹지 않고 술 한 잔 마시지 못하다가 사흘 만에 죽고 말았다. 이것은 노나라 임금이 자기를 기르는 방법으로 새를 기르고 새를 기르는 방법으로 새를 기르지 않은 것이다.

대개 새를 기르는 방법으로 새를 기르는 사람은 마땅히 새를 깊은 숲 속에 깃들이게 하고, 모래톱에서 노닐게 하며, 또 강이나 호수에 띄워주고, 미꾸라지나 물고기를 먹게 하며, 새의 무리를 따라 날거나 내려앉으면서 자유로이 살게 해야 하는 것이다.

— [장자] 지락至樂

노나라 임금은 바다새에게 좋은 술을 권하고 아름다운 음악을 들려주고 맛있는 고기를 바쳤으니, 가위 국빈 대접을 했다고 할 수 있다. 그러나 결과는 어떠했는가? 성의를 다해서 극진히 대우한 보람도 없이 바다새는 그만 사흘 만에 죽고 말았다.

장자는 이 이야기를 통해 자연의 본성과 규율을 따르지 않고 매사를 자기 중심, 자기 주관적으로 판단하고 처리하는 인간행위와 사회현상을 풍자, 비난하고 있다.

오늘날 우리 주변에는 노나라 임금 같은 사람이 하나둘이 아니다. 바다새 한 마리에 그치는 것이 아니라 강과 바다를 온통 죽음으로 몰고 가는 까닭이 여기에 있다. 자연이 죽어간다면 그 자연을 의지하고 살아가는 인간인들 온전할 수 있겠는가. 자연의 원리에 순응하고 자연의 규율에 적응하는 삶을 살 때 자연은 되살아나고 인간은 구출될 수 있을 것이다.

말에게 화려한 침실이 쓸모 있는가

말은 발굽이 있어 서리와 눈도 밟을 수 있고, 털이 있어 바람과 추위도 막을 수 있다. 말은 배고프면 풀을 뜯고 목마르면 물을 마시며 기분이 좋으면 발을 굴러 뛰기도 한다. 이것이 말의 참된 본성이다. 아무리 높은 집과 화려한 침실이 있다고 하더라도 말에게는 아무런 쓸모가 없다.

그런데 백락伯樂이라는 사람이 나타나 '나는 말을 잘 다룬다'고 하며, 말의 털과 굽을 깎고, 낙인을 찍고, 굴레를 씌우고, 재갈을 물리고, 말구유와 마판馬板을 만들어 얽어매었다. 그러자 죽는 말이 열에 두셋이나 생기게 되었다. 게다가 말을 굶기고, 목마르게 하고, 잇달아 달리게 하고, 고달프게 훈련시키고, 성가시게 꾸미기도 하고, 앞에는 재갈과 치레의 성가심이 있고, 뒤에는 채찍의 위협이 있게 만들었다. 그러자 죽는 말이 거의 절반이 넘어서게 되었다.

옹기장이는 이렇게 말한다.

"나는 진흙을 잘 다루어, 둥글게 빚으면 둥근 자에 맞고, 모나게 빚으면 굽은 자에 맞는다."

목수는 또 이렇게 말한다.

"나는 나무를 잘 다루어, 굽게 깎으면 굽은 자에 맞고, 곧게 깎으면 먹줄에 맞는다."

무릇 진흙과 나무의 본성이 어찌 자나 먹줄에 맞기를 바랄 것인가? 그런데도 세상에서 이르기를, 백락은 말을 잘 다루고 옹기장이는 진흙을 잘 다루며 목수는 나무를 잘 다룬다고 한다.

— [장자] 마제馬蹄

사람의 재주는 꽃은 그릴 수 있으나 향기는 그릴 수 없고, 달은 그릴 수 있으나 은은한 달빛을 그대로 묘사하기는 어렵다. 그래서 단테는 자연을 '신의 예술'이라고 극찬했고, 키케로는 '자연에 의해 완성된 것들은 예술에 의해 만들어진 것보다 낫다'고 하였다.

사실 우리는 열 송이, 아니 백 송이의 조화가 한 송이 자연화의 아름다움을 당할 수 없음을 잘 알고 있다. 인간에 의해 만들어진 세계, 예컨대 예술이니 창작품이니 하는 것들도 따지고 보면 다름아닌 한 송이 조화가 아니겠는가.

진晉나라 장군 환온桓溫이 그 부하 맹가孟嘉에게 이렇게 물었다.

"기생을 불렀을 때 가야금 타는 것보다는 피리 부는 것이 좋고, 피리 부는 것보다는 노래가 더 좋게 느껴지는 까닭이 무엇인가?"

맹가가 대답했다.

"결국 자연에 가까운 것이 더 매력을 주는 것이 아니겠습니까?"

장자는 지나치게 자연 본래의 모습만을 강조한 나머지 문명 자체를 거부한 느낌마저 든다. 그러나 자연의 위대한 솜씨에 비해 볼 때 어린아이의 소꿉장난과 같은 어설픈 재주를 자랑하는 사람들에게는 하나의 경종이 되기에 충분한 듯하다. 본래의 세계가 아닌 가공의 세계에만 집착하는 사람들은 깊이 생각해볼 점이 아닌가 여겨진다.

남는 것을 덜어서 모자람에 보탠다

자연의 도는 마치 활시위를 활에 잡아매는 것과 같다. 높은 데는 내리누르고 낮은 데는 치켜올리며 긴 쪽은 줄이고 짧은 쪽은 당긴다. 이처럼 남는 것을 덜어서 모자라는 것을 보충하는 것이 자연의 도이다.

그러나 사람의 도는 이와는 반대이다. 모자라는 것을 덜어서 남는 쪽을 받든다.

누가 자연의 도를 본받아 남는 것으로 천하의 부족한 것에 보탤 수 있는가? 오직 도를 깨달은 사람뿐이다.

— [노자] 77장

《채근담》에는 위대한 자연의 법칙이 다음과 같이 묘사되어 있다.

"굼벵이는 더럽지만 변해서 매미가 되어 가을바람에 이슬을 마시고, 썩은 풀은 빛이 없지만 변화해서 반딧불이가 되어 여름밤에 빛을 낸다. 깨끗함은 항상 더러운 데서 나오고, 밝음은 항상 어두움에서 생겨나는 것임을 알 수 있다."

굼벵이는 언제까지나 더러운 굼벵이로서만 이 세상에 존재하는 것이 아니라, 가을바람에 이슬을 마시는 깨끗한 매미로 변하여 존재하게 된다. 썩은 풀은 언제까지나 어두운 썩은 풀로서만 존재하는 것이 아니라, 여름밤에 빛을 내는 반딧불이로 변하여 존재하게 된다. 이러한 자연의 섭리는 그야말로 얼마나 공정무사 한 것인가!

폭풍이 지나간 들, 지진으로 무너진 땅, 불에 탄 흙에서도 여전히 새싹은 돋고 꽃은 피고 샘물은 솟는다. 자연은 언제 어디서나 누구에게나 공정하고 평등하다. 순수한 자연의 세계에서는 무엇을 특별히 더 사랑하거나 덜 사랑하는 일 없이 언제나 균형이 유지되고 조화가 이루어진다.

영국의 시인 바이런은 공정한 자연의 세계를 이렇게 예찬하였다.

폭풍이 지나간 들에도 꽃은 핀다
지진에 무너진 땅에도 맑은 샘은 솟는다
불에 탄 흙에서도 새싹은 난다
우리는 늘 사랑과 빛에 가득 찬
이 자연의 속삭임에 귀를 기울이자.

반면, 양나라 원제元帝가 지은 《금루자金樓子》에는 불공정하고 불평등한 인간의 모습이 이렇게 그려져 있다.

"초나라에 부자가 있었는데, 그는 양을 아흔아홉 마리나 기르고 있으면서도 백 마리로 채우고자 하였다. 그는 목적을 달성하기 위하여 이웃 마을의 친구들을 찾아다녔다. 마침 가난하여 겨우 양 한 마리만 기르고 있는 사람이 있었다. 부자는 그에게 그 한 마리마저 달라고 요구하였다."

부패하고 타락한 인간사회에서는 강자가 약자를 짓밟고 부자가 빈자를 갈취하는 약육강식, 부익부 빈익빈 현상이 자주 발생한다.

아홉 섬 추수한 사람이 한 섬 추수한 사람에게 네 섬을 주어 다섯 섬씩 공평하게 나누어 갖는 것은 고사하고, 한 섬 추수한 사람의 그 한 섬마저 빼앗아 자기의 열 섬을 채우려고 하는 이기적이고 파렴치한 행위가 우리의 주변에는 비일비재하게 벌어지고 있다. 말 타면 마부 두고 싶어하는 것이 인간의 욕망이다. 《채근담》에도 '골짜기는 채우기 쉬워도 사람의 욕심은 채우기 어렵다'라는 말이 있을 정도이다.

그래서 노자는 모자라는 쪽에서 빼앗아 남는 쪽에 보태는 인간사회의 비정을 개탄하고, 남는 것을 덜어서 모자라는 쪽에 보태 균형을 잡아주는 자연의 법칙을 찬미했던 것이다.

공평한 자연의 법칙을 본받아 남는 것을 덜어 모자라는 쪽에 보태는 것이 한 세상 현명하게 사는 길이 아닐는지….

지식과 깨달음

우물 안의 개구리와 동해의 자라

공손룡公孫龍이 위나라의 공자公子 모牟에게 물었다.

"저는 어려서 선왕先王의 도를 배웠고, 자라서는 인의의 행을 알았으며, 사물의 같음과 다름을 하나로 합하고, 돌(石)의 단단한 성질(堅)과 흰 빛깔(白)을 따로 나누었으며, 그렇지 않은 것을 그렇다 하고 옳지 않은 것을 옳다 하여 많은 학자의 지혜를 곤란하게 만들고, 여러 사람의 변론을 굴복시켰습니다. 그래서 스스로 지극히 통달했다고 생각해왔습니다. 그런데 이제 장자의 이론을 듣고 보니 정신이 망연하여 형언할 수 없는 감정을 느끼게 됩니다. 이것은 제 이론이 그에 미치지 못하는 탓입니까? 아니면 제 지혜가 그만 못한 까닭입니까? 저는 지금 어떻게 입을 열 수가 없습니다. 황송하오나 그 도를 듣고자 합니다."

모는 의자에 기대어 있다가 탄식하고 하늘을 우러러 웃으면서 말했다.

"자네는 저 우물 안의 개구리 이야기를 듣지 못했는가? 개구리가 동해의 자라를 보고 '나는 참으로 즐겁다. 나는 우물 난간 위에 뛰어오르기도 하고, 우물 안에 들어가서는 부서진 벽돌 가장자리에서 쉬기도 한다. 또 물에 뛰어들면 겨드랑이와 턱으로 물 위에 떠 있기도 하고, 진흙을 차면 발등까지 흙 속에 파묻힌다. 저 장구벌레나 게나 올챙이 따위가 어떻게 내 팔자와 겨룰 수가 있겠는가? 또 나는 한 웅덩이의 물을 혼자 차지해서 마음대로 뛰노는 즐거움이 지극하거늘, 어찌하여 자네는 가끔 와서 보지 않는가?' 하였네. 동해의 자라는 이 말을 듣고 우물에 들어가보려고 했지만 왼쪽 발이 미처 들어가기도 전에 오른쪽 무릎이 걸려 꼼짝할 수가 없었네. 그래서 어정어정 물러나와 그에게 동해의 이야기를 해주었다네. '무릇 천리의 먼 거리로도 바다의 너름을 다 형용할 수가 없고, 천길의 높이로도 그 깊이를 다 표현할 수 없다. 우임금 때는 10년 동안에 아홉 번이나 홍수가 났지만 그 물은 늘 어나지 않았고, 탕임금 때에는 8년 동안에 일곱 번이나 큰 가뭄이 있었지만 그 물은 줄어들지 않았다. 시간의 길고 짧음에 따라 변동하지도 않고, 강우량의 많고 적음에 따라 붇고 줄지도 않으니, 이것이 동해의 큰 즐거움이다.' 우물 안 개구리는 이 말을 듣고 그만 놀라서 정신을 잃었다고 하네."

— [장자] 추수

공손룡은 중국 전국시대 명가名家의 대표적인 인물이다. 이 이야기는 공손룡을 우물 안 개구리에, 그리고 장자를 동해의 자라에 비유하여 지식과 이론이란 끝이 없는 것임을 말해주고 있다. 넓고 큰 바다를 보지 않은 개구리는 자기가 뛰노는 우물 안을 이 세상에서 가장 넓고 큰 것으로 여겨 활개를 치고 다닌다. 이는 사람의 경우도 마찬가지이다. 더 넓고 깊은 도의 세계가 있음을 알지 못하는 사람은 사소하고 일면적인 자신의 지식이 온전한 진리라고 고집하며, 그 좁쌀 같은 지식에 자만하고 안주하기 십상이다.

《후한서後漢書》주부전朱浮傳에는 이런 고사가 나온다.

"요동에 사는 한 농부가 어느 날 머리가 흰 돼지를 발견했다. 그는 매우 희귀한 종자라 여겨 그것을 천자에게 진상하려고 멀리 수도 낙양을 향하여 그 돼지를 몰고 길을 떠났다. 그런데 만리장성을 넘고 하동河東 땅에 이르러보니 집집마다 모두 흰 돼지를 키우고 있는 것이었다. 그는 자신의 좁은 식견을 부끄럽게 생각하여 되돌아갔다."

학문과 진리를 추구하는 사람은 자신이 우물 안 개구리나 요동의 농부 같은 어리석음을 범하고 있지나 않은지 늘 되돌아보아야 할 것이다.

《포박자抱朴子》미지微旨편에는 이런 말이 나온다.

"소 발자국에 괸 물에서 헤엄치는 한 치의 장구벌레는 천하에 넓은 사해四海가 있다는 것을 꿈에도 생각하지 못할 것이다. 또 과일의 씨앗 속을 기고 있는 바늘 끝 같은 벌레는 그것이 세계의 전부라고 생각할 것이다. 그들은 아무리 망망한 바다와 넓은 우주를 설명해주어도 거짓말이라며 믿지 않는다."

우리는 대롱을 통해서 하늘을 보고 송곳으로 땅을 찌르는 편협함과 고루함을 면하기 위해서 항상 옛 사람들의 충고를 귀담아 들어야 할 것이다.

옛 사람이 뱉어놓은 찌꺼기

제나라 환공이 대청마루에서 책을 읽고 있을 때 수레바퀴를 만드는 목수 편扁이 뜰에서 수레바퀴를 깎고 있었다. 편은 망치와 끌을 놓고 마루 위로 올라와 환공에게 물었다.

"황송하옵니다만 지금 읽으시는 책은 어느 분의 말씀입니까?"

"성인의 말씀이네."

"그 성인은 지금 살아 계십니까?"

"이미 이 세상을 떠났네."

"그러하오면 지금 읽으시는 것은 옛 사람이 뱉어놓은 찌꺼기(古人之糟粕)에 불과한 것이겠습니다."

"내가 책을 읽는데 네놈이 웬 잔소리냐? 방금 한 말의 까닭을 말해 보아라. 그러지 않으면 사형에 처하리라."

"제가 하는 일에 비추어 말씀드리겠습니다. 수레바퀴를 깎을 때 너무 깎으면 헐렁해서 끼우기는 쉬우나 견고하지 못하고, 덜 깎으면 빡빡해서 좀체 들어가지 않습니다. 더 깍지도 덜 깍지도 않는 것은 손에서 저절로 되어 마음에 맞는 것입니다. 그것을 입으로는 말할 수 없는 것이지요. 오묘한 기술이란 바로 거기에 있는 것이옵니다. 저는 그것을 제 자식에게 가르칠 수 없고, 제 자식이 그 기술을 제게서 배워갈 수도 없습니다. 그래서 저는 나이 칠십이 되도록 아직도 이 수레바퀴를 깎고 있는 것입니다. 옛날의 성인도 깨달은 바 그 무엇을 끝내 전하지 못하고 죽었을 것이니, 그러하오면 지금 읽으시는 책은 옛 사람이 뱉어놓은 찌꺼기가 아니겠습니까?"

— [장자] 천도天道

《논어》의 첫머리에는 '배우고 나서 수시로 배운 것을 익히면 기쁘지 않겠는가(學而時習之 不亦說乎)'라는 공자의 말이 나온다.

유가에서는 이처럼 배우고 익히는 '학습'을 무엇보다 중요하게 여긴다. 실제 《논어》를 통해서 나타나는 공자의 모습은 열심히 배우고 또 배운 것을 열심히 가르치는 것으로 요약된다고 하여도 과언이 아니다. 공자가 자기 자신의 경지를 직접 묘사한 다음의 글은 바로 이것을 증명한다고 할 수 있다.

"성인이라든가 인자라든가는 내가 어찌 감당할 수 있겠는가? 그렇지만 학문 익히기를 싫어하지 않으며 사람 가르치기를 게을리 하지 않는다고는 말할 수 있을 것이다."[1]

공자는 밖으로 학문을 습득하는 일뿐만 아니라 안으로 사색의 세계에 잠기는 것 역시 강조하였다.

"학문만 익히고 사색하지 않으면 남는 것이 없고, 사색만 하고 학문을 익히지 않으면 위태롭다."[2]

그러나 다음의 말을 보면 공자는 분명 사색보다도 학습의 가치를 더 높이 평가했음을 알 수 있다.

"잠자는 것도 잊고 밥 먹는 것도 잊은 채 사색에 잠겨보니 학문을 익히는 것만 같지 못하다."[3]

이처럼 인생에서 학문의 가치를 무엇보다도 귀하게 여겼던 공자의 정신은 뒷날 유가의 기본정신으로 자리잡아 꾸준히 계승되었다. 주자와 율곡의 학문을 권장하는 아래의 글들은 이 점을 분명하게 확인시켜준다.

"오늘 배우지 않고 내일이 있다고 말하지 말며, 금년에 배우지 않고 내년이 있다고 말하지 말라."[4]

"소년은 늙기 쉽고 학문은 이루기 어렵다. 한 치의 짧은 시간도 가벼이 생각 말라. 연못가 봄풀이 아직 꿈도 깨기 전에 뜰 앞 오동나무잎은 벌써 가을소리를 내나니."[5]

"사람이 세상에 태어나 학문이 아니면 사람다운 사람이 될 수가 없다."[6]

....

1 《논어》술이 若聖與仁 則吾豈敢 抑爲之不厭 誨人不倦 則可謂云爾矣
2 學而不思則罔 思而不學則殆
3 忘寢忘食而思 不如學也
4 주자 권학문勸學文 勿謂今日不學而有來日 勿謂今年不學而有來年
5 《주문공집朱文公集》우성偶成 少年易老學難成 一寸光陰不可輕 未覺池塘春草夢 階前梧葉已秋聲
6 《격몽요결擊蒙要訣》人生斯世 非學問無以爲人

오늘날도 유가가 종교냐 학문이냐 하는 논쟁이 계속되고 있지만, 이런 글들을 통해서 본다면 유가는 유학이라고 표현하는 것이 그 근본정신에 가장 부합되는 것이라 할 수 있다. 그러나 도가는 유가와 달리 학문을 아주 경시한다. 도가의 학문 경시 경향은 책은 '옛 사람이 뱉어놓은 찌꺼기'라는 말에서 단적으로 드러난다.

장자는 목수의 입을 빌어서 책을 찌꺼기로 보는 이유를 설명하고 있다. 숙련된 목수가 수레바퀴를 만드는 오묘한 기술은 말로 표현할 수도 글로 기록할 수도 없다. 목수일의 경험에 비추어볼 때 옛날 성인의 깨달은 경지도 언어나 문자로 나타낼 수 없었을 것은 당연한 일일 것이다. 그러니 옛 성현의 가르침을 적은 책이란 결국 알맹이는 없고 찌꺼기만 뱉어놓은 것일 수밖에 없다고 보는 것이다.

이러한 도가의 관점은 불교와 상당히 유사한 면이 있다. 중국의 향엄香嚴 선사와 일본의 쇼주 선사의 이야기는 불교의 학문에 대한 인식이 어떤 것인지 보여주는 좋은 예가 된다.

향엄(?~898) 선사는 등주鄧州 사람으로 어려서 출가하여 백장회해 선사의 문하에서 수행하다가, 후에 위산潙山 영우靈祐 선사를 찾아가 그의 제자가 되었다. 그는 아는 것이 많고 말재주가 있으며 학문은 당할 이가 없었다고 한다.

하루는 스승 위산이 향엄에게 이렇게 물었다.

"그대가 터득한 지식은 전부 듣고 본 것뿐이다. 지식에 대해선 묻지 않겠다. 그대가 태어나기 전, 그대 본래의 모습을 말해보아라."

이에 향엄은 대답을 못한 채 고개를 숙이고 한참 있다가 특유의 지식과 말재주를 동원하여 몇 마디 했으나 모두가 엉터리 대답이었다. 향엄은 마침내 스승에게 도를 일러줄 것을 청했다. 위산선사가 말했다.

"내가 말하면 옳지 않다. 스스로가 일러야 그대의 안목이니라."

이에 향엄은 방으로 돌아와 모든 책을 두루 뒤졌으나 한마디도 대답에 맞는 말이 없었다. 그 길로 그는 책을 몽땅 불태워버렸다. 책을 태우는 것을 보고 놀라 달려온 학인擧人이 향엄에게 책을 달라고 하자 그는 말했다.

"내가 평생 동안 이것 때문에 피해를 입었는데 그대가 또 피해자가 되려는가?"

향엄은 책을 몽땅 태워버린 뒤 향엄산에 들어가 수행정진 끝에 마침내 깨달음을 얻었다.

훗날 한 스님이 향엄 선사에게 물었다.

"어떤 것이 소리 이전의 한 구절입니까?"

선사가 대답했다.

"그대가 묻지 않을 때 대답하리라."

"지금 대답해 주십시오."

"지금은 묻고 있느니라."

일본 에도 시대의 부난(無難, 1603~1676) 선사에게는 쇼쥬라는 수제자가 있었다. 쇼쥬가 깨달음을 얻었을 때 부난 선사는 그를 자신의 선방으로 불렀다.

"너는 나의 법을 계승할 제자이다. 여기 이 책은 고래의 선사로부터 일곱 대나 전승되어온 귀중한 책이다. 이 귀중한 책을 오늘 너에게 주고자 한다. 이것은 네가 나의 법을 계승했다는 증표인 동시에 고래의 선사를 계승한다는 증표이기도 하다."

그러자 쇼주가 공손히 말했다.

"그렇게 소중한 책이라면 스승님께서 간직하십시오. 저는 글을
떠난 선禪을 전수받았으니 그것으로 부족함이 없습니다."

"이 일은 일곱 대나 이어온 일이니 고집하지 말고 가르침을 받았
다는 증표로 맡아두거라. 자, 여기 있다."

그러나 쇼주는 책을 받자마자 이글거리는 화롯불에 던져버렸다.

장자는 궁극적 진리는 마음으로 체득되는 것이며 서책을 통한 지
식의 습득은 어디까지나 보조적인 수단에 지나지 않는다고 생각했
다. 아무리 표현이 훌륭하고 논리가 치밀하다 하더라도 인간의 언어
자체가 지닌 한계성 때문에 언어와 말하고자 하는 실체 사이에는 메
울 수 없는 간격이 존재한다. 따라서 말 밖에 감추어져 있는 참다운
진리는 마음으로 체득하지 않으면 안 된다. 장자는 보조적 수단인
책을 진리 그 자체로 착각하고, 마음에는 조그마한 깨달음도 없이
앵무새처럼 입으로만 지식을 지껄이는 행위를 경계하여 책은 '찌꺼
기'라는 극단적인 발언을 하였던 것이다.

오늘날에는 독서가 지식의 습득을 위한 수단에서 한 걸음 더 후
퇴하여 입시를 위한 수단으로 전락하였다. 학문을 과신하는 것도 문
제요, 학문을 경멸하는 것도 문제지만, 학문을 타락시키는 것은 더
욱 큰 문제가 아닐 수 없다.

발자국이 신발만하랴

공자가 노자에게 말했다.

"나는 시·서·예·악·역·춘추의 육경을 오랫동안 공부해서 거기에 대한 것은 익히 안다고 생각합니다. 그래서 그 지식이 소용되게 하려고 일흔 두 명의 임금을 찾아가 선왕의 도를 이야기하고 주공과 소공召公의 사적을 밝혔지요, 그러나 한 임금도 내 말을 들어주는 이가 없었습니다. 사람을 설득하고 도를 밝히는 것이 이처럼 어려운 일입니까?"

노자가 말했다.

"그대가 치세의 임금을 만나지 못한 것은 매우 다행한 일이오. 무릇 육경은 선왕의 케케묵은 발자국(夫六經 先王之陳迹也)이니, 그것이 발자국이 나게 한 그 자체야 되겠소? 방금 그대가 말한 것은 발자국과 같은 것이오. 비록 신발이 발자국을 낸다 해도 어찌 발자국이 신발이 될 수 있겠소?"

— [장자] 천운天運

동양에서는 전체 서적을 경經, 사史, 자子, 집集의 네 종류로 분류한다. 경은 경서經書, 사는 역사歷史, 자는 제자諸子, 집은 문집文集을 말한다. 여러 학자들의 문집과 사서史書, 제자백가는 모두 경서에 그 바탕을 두고 있다. 따라서 경서는 유가사상의 핵심인 동시에 동양문화의 근원이라고 할 수 있다.

"남아가 평생의 뜻을 이루고자 한다면 육경을 창 앞에서 부지런히 읽도록 하라."[1]

이것은 송나라 진종황제眞宗皇帝가 쓴 권학문의 한 구절로 육경이 동양 전통사회에서 지녔던 의미와 가치를 단적으로 보여준다고 하겠다.

《한서漢書》 예문지藝文志에 이런 말이 보인다.

"유가의 부류란 육경을 통해서 학문을 닦고 인의로 마음가짐을 하는 사람들이다."[2]

비록 몇 자 안 되는 짧은 문장이지만 유가의 무리가 무엇을 하는 사람들인지 잘 요약되어 있다. 이처럼 육경은 유학자들에게 있어 금과옥조처럼 존중되었으며, 존경의 도를 넘어 거의 신성시되었다고 해도 과언이 아니다.

우리나라 조선조 중기에 우암 송시열은 주자의 해석에 반하는 윤

....

1 男兒欲遂平生志 六經勤向窓前讀
2 儒家者流 流文于六經之中 留意于仁義之際

휴尹鑴의 경전에 대한 자의적인 해석을 사문난적斯文亂賊으로 간주하였다. '사문'이란 《논어》의 '천지장상사문天地將喪斯文'이라는 구절에 근원을 둔 것으로 '유학'의 또다른 표현이다. 그렇기에 '사문난적'이란 유학을 어지럽히는 역적이란 뜻이다. 송시열의 의리 기준에 따르면 육경을 발자국으로 비하한 장자는 천하의 난적, 아니 만세의 난적으로 비판받아 마땅할 것이다.

그렇다면 장자가 그와 같이 육경을 비하한 근본의도는 무엇이었을까?

장자는 성현이 체득한 도는 마치 신발과 같고 성현이 남긴 경전은 그 신발이 남긴 발자국과 같다고 생각했다. 장자는 왜 이런 생각을 하였던 것일까? 그는 성현이 깨달은 도는 사유와 개념을 초월해 있는 것이어서 일상적인 언어체계로는 그 실체가 온전히 전달될 수가 없다고 믿었다. 언어나 문자가 발자국과 같은 의미 밖에는 없다고 할 때, 경전의 자구나 언어에만 매달린다면 결국 성인의 본뜻에 이르지 못하게 될 것은 당연한 일이다. 성인의 가르침은 마음속에서 깨닫고 삶 속에서 실천할 때라야 진정한 가치가 있다고 보았던 것이다.

큰 나무로는 작은 구멍은 막을 수 없다

옛날에 요와 순은 황제의 자리를 선양禪讓함으로써 그 제업을 이어 갔고, 연왕燕王 쾌噲는 그 재상 자지子之에게 황제의 자리를 선양했으나 멸망하였다. 탕왕湯王과 무왕武王은 쟁탈에 의하여 왕이 되었고, 초나라 백공白公 승勝은 쟁탈로 인해서 죽고 말았다.

이것으로 본다면 왕위를 쟁탈하거나 물려주는 방식과 요와 걸桀의 행위는 시대에 따라 어떤 것이 훌륭하고 어떤 것이 그렇지 않은지 차이가 있으며 고정불변한 것이 아니다.

대들보로 쓰는 큰 나무는 성벽을 뚫을 수 있지만 작은 구멍은 막을 수 없으니 이는 그 기능이 다르기 때문이다. 기기騏驥와 화류驊騮라는 명마는 하루에 천리를 달릴 수 있지만 쥐를 잡는 데에는 살쾡이만 못하니 이는 그 기능이 다르기 때문이다. 수리부엉이가 밤에는 벼룩도 잡고 털끝도 살필 수 있지만 대낮에는 아무리 눈을 부릅떠도 앞산을 보지 못하니 이는 그 성능이 다르기 때문이다.

그러므로 '어찌하여 옳은 것을 본받아 그른 것이 없도록 하고, 다스림을 본받아 어지러움이 없도록 하지 않는가?'라고 말하는 것은 천지의 이치와 만물의 실정에 밝지 못한 탓이다.

그것은 마치 하늘만 종중하고 땅을 인정하지 않으며 음만 존중하고 양은 무시하는 것과 같다. 그런 이론이 성립될 수 없는 것은 명백하다. 그런데도 버리지 않는다면 이는 어리석은 것이거나 아니면 기만하는 것이다.

삼황과 오제는 그 선위의 방법을 달리했고, 하, 은, 주 삼대는 계승의 방법에 차이가 있었다. 시대를 어기고 민심을 거스르면 찬탈자라 부르고, 시대에 부합되고 민심에 순응하면 정의의 사도라고 부른다.

— [장자] 추수

《맹자》에는 다음과 같은 말들이 나온다.

"옳고 그른 것을 구별할 줄 아는 마음이 지혜이다."[1]

"길은 두 갈래인데 그것은 인과 불인일 따름이다."[2]

또 《대학》에는 이런 말이 보인다.

"선을 좋아하기를 아름다운 미인을 좋아하는 것처럼 하고, 악을 싫어하기를 나쁜 냄새를 싫어하는 것처럼 하라."[3]

....

1 是非之心 智也
2 道二 仁與不仁而已
3 好善如好好色 惡惡如惡惡臭

유가에서는 이처럼 옳고 그른 것, 착하고 악한 것을 명확히 구분하여, 옳고 착한 것을 추구하고, 그르고 악한 것을 배격해왔다. 그러나 도가에서는 유가의 견해에 찬성하지 않는다. 옳고 그름은 절대적인 것이 아닌 상대적인 것이라고 본다.

장자는 이 세상에는 절대적인 옳음도, 절대적인 그름도 없다는 견지에서, 갑론을박하는 시비논쟁을 배격하고 시비제일是非齊一, 곧 옳고 그름은 하나라는 주장을 폈다.

"옳다는 주장이 있으면 그르다는 주장이 따르고, 그렇다는 주장이 있으면 그렇지 않다는 입장이 생긴다. 만일 옳다는 주장이 참으로 옳다면, 옳다는 주장이 옳지 않다는 것과 다르다고 구태여 말할 필요가 없다. 그렇다는 입장이 실제로 그렇다고 한다면 그렇지 않다는 입장과 다르다고 새삼스레 말할 필요가 없다."[4]

"이것이 곧 저것이요, 저것이 곧 이것이다. 저것에도 하나의 시와 비가 있고, 이것에도 하나의 시와 비가 있다. 그렇다면 과연 저것과 이것의 구별은 있는 것인가, 없는 것인가."[5]

"다른 각도에서 보면 간과 쓸개도 초나라와 월나라처럼 서로 멀어 보이고, 같은 각도에서 보면 만물은 모두 하나이다."[6]

이러한 도가적 관점은 선과 악에 모두 초월하기를 요구하는 불교적 견해와 일맥상통하는 바가 있다. 《육조단경六祖壇經》의 다음 말

---

4 《장자》 제물론 是不是 然不然 是若果也 則是之異乎不是也 亦無辯 然若果然也 則然之異乎不然也 亦無辯
5 《장자》 제물론 是亦彼 彼亦是也 彼亦一是非 此亦一是非 果且有彼是乎哉
6 《장자》 덕충부 自其異者視之 肝膽楚越也 自其同者視之 萬物皆一也

은 이를 뒷받침한다.

"만일 사람들의 악과 선을 보면 그것을 다 취하지도 버리지도 말라."[7]

사람은 쉬고 싶을 때 앉거나 눕는다. 그러나 황새는 몇 시간이고 한쪽 다리로 서서 쉰다. 북아메리카의 북쪽 끝에 있는 에스키모 마을은 겨울이면 밤낮없이 캄캄한 반면, 여름이면 거의 밤낮없이 환해서 잠을 자려면 창문을 가려야 한다.

앉거나 누워서 쉰다는 것, 밤은 어둡고 낮은 밝다고 생각하는 우리의 고정관념은 반드시 어디에나 통하는 것은 아니다. 우리는 어떤 사물에 대하여 표면적인 현상만을 가지고 성급하게 주관적으로 시비를 결정한 뒤 그것이 마치 절대원칙인 양 고집하는 경우가 흔히 있다. 그러나 이런 지극히 상식적인 사례를 통해서 보더라도 절대적으로 옳고 그른 것이나 절대적으로 좋고 나쁜 것은 있을 수 없다는 것을 알게 된다.

우리의 근세사에서 한 예를 들어보자.

동학 접주 전봉준은 그 당대에는 역적으로 매도되었던 인물이다. 그러나 오늘날 그는 민중의 영웅으로 떠받들어지고 있다. 전봉준을 역적으로 보는 것은 군주의 입장이고, 영웅으로 보는 것은 민중의 입장이다. 군주의 입장에서 말한다면 국가체제에 반기를 들고 봉기하여 국가를 어지럽혔으니 역적으로 매도되어 마땅하고, 민중의 입장에서 말한다면 억눌린 민중의 처지를 대변하여 목숨을 내걸고 부

---

7 若見一切人之惡與善 盡皆不取不捨

패한 정부와 싸웠으니 영웅으로 추앙되어야 옳다.

평가의 척도가 달라짐에 따라서 한 사람의 똑같은 행위에 대해 이와 같이 아주 상반된 평가가 내려질 수 있는 것이다. '옳은 것을 주장하여 그른 것을 무시하고, 다스림을 주장하여 어지러움을 무시한다면, 그것은 천지의 이치와 만물의 실정에 밝지 못한 것'이라는 장자의 주장은 상당한 설득력을 갖고 있다.

그러나 어느 사회든지 정사正邪, 시비是非의 구분이 전혀 존재하지 않는다면 그 사회는 더 이상 존속이나 발전을 기대하기 어려울 뿐 아니라 결국 붕괴되고 말 것이다. 따라서 절대적으로 옳은 것도 그른 것도 없다는, 옳고 그름에 대해 양자를 모두 지양하기를 요구하는 도가의 견해는 현실성 있는 논리로 받아들이기 어렵다.

하지만 인간사회에는 제각기 근시안적인 이해관계에 얽혀서 '내가 옳으니 네가 그르니'하면서 불필요한 논쟁과 소모전을 벌이는 경우가 비일비재한 것이 사실이다. 장자의 옳고 그름에 대한 초월적인 견해, 초연한 태도는 하찮은 지식으로 시시비비를 따지고 사소한 소모전을 벌이는 우리의 인생과 사회에 하나의 처방전으로서 충분한 가치를 지닌다고 하겠다.

뿐만 아니라 장자의 논리는 상식의 틀에 갇혀 안주하는 우리들에게 그 틀을 부수고 뛰쳐나와 새로운 눈으로 사물을 바라보도록 해주는 것임도 간과해서는 안 될 것이다.

문밖에 나가지 않고도 천하를 안다

모든 원리는 나의 마음속에 간직되어 있다. 그러므로 도를 체득하면 문밖에 나 가지 않고도 천하의 이치를 알 수 있고, 창문으로 밖을 내다보지 않고도 자연의 법칙을 알 수 있다.

지식을 바깥세계를 향해서만 탐구하면 그 지식은 점점 적어져 결국 모르는 것이 더 많아지게 된다. 사물의 근원을 파악한 성인聖人은 멀리 가지 않고도 천하의 사리를 알 수 있고, 밖을 보지 않고도 자연의 법칙을 이해 할 수 있고, 작위作爲하지 않고서도 만물을 이룰 수 있다.

— [노자] 47장

데카르트와 함께 근세 철학의 시조이자 영국 경험주의 철학의 창시자로 일컬어지는 베이컨은 '아는 것이 힘이다'라고 했다. 또 프랭클

린은 《가난한 리처드》에서 '지식에 투자하는 것이 가장 이윤이 높다'고도 했다.

현대인들이 지식을 얻기 위해 기꺼이 모든 노력을 바치는 까닭이 바로 이에 연유해서일지도 모른다. 그러나 우리의 지식이란 따지고 보면 무엇인가? 내일의 날씨가 어떨지도 정확히 알 수 없지 않은가.

귀뚜라미는 울 때에 입을 벌리지 않고 단단한 가죽 같은 앞날개를 치켜올려 서로 맞대고 비벼서 소리를 낸다. 귀뚜라미의 귀는 앞다리의 꺾임마디 가까운 데 있어 무릎으로 소리를 듣는다고 할 수 있다. 귀뚜라미가 왜 입으로 울지 않고 날개를 비벼서 울며 어떻게 해서 무릎으로 소리를 듣는지 그 원리를 알아내자면 오랜 시일이 필요할 것이다.

이 세상에는 셀 수도 없이 많은 사물이 있다. 이를 하나하나 연구해서 모두 알려고 한다면, 일체의 가정생활과 사회생활을 내팽개치고 연구에 매달린다 해도 짧은 인생 동안 그 천분의 일, 아니 만분의 일도 알아내기가 어려울 것이다.

"그럭저럭 오늘에 이르러 어느덧 여든이 되었다. 평생을 돌이켜볼 때 내가 배운 것이라곤 무엇이 있는가(…) 앞으로 시간을 아껴서 좋은 말 한 마디라도 더 듣고 좋은 책 한 권이라도 더 보아야겠다."

《설문해자說文解字》라는 책에 주석을 단 중국 근세의 유명한 고증학자 단옥재段玉裁가 어느 글에서 한 말이다. 나이 여든이 된 노학자가 앞으로 시간을 아껴 좋은 책 한 권이라도 더 보겠다고 말한 것을 보면, 지식은 밖으로만 추구해서는 끝도 만족도 없다는 사실을 확인할 수 있다.

우리는 그동안 서구과학만을 소중히 여기고 동방정신을 소홀히 해왔다. 그러나 현대과학이 분석과 검증을 통해서 힘들여 얻어낸 결론을 동양사상은 이미 원초적으로 제시하고 있는 경우가 허다하다는 사실에 주목할 필요가 있다.

예를 하나 들어보자. 현대 과학자들은 지구 속에 무엇이 있는지 알아보기 위하여 땅 속으로 깊이 파고들어가 보았다. 3킬로미터를 들어가자 그곳의 온도는 물을 끓일 수 있을 만큼 뜨거웠다. 과학자들은 땅 속으로 깊이 들어갈수록 지구가 점점 더 뜨거워진다는 사실을 알아냈다.

그러나 동양사상에서는 수고롭게 3킬로미터씩이나 땅 속을 파헤치지 않고도 땅 속이 뜨겁다는 사실을 이미 수천 년 전에 밝혀놓았다.

《주역》의 이괘離卦 '☲'는 방위로는 남쪽, 계절로는 여름을 가리킨다. 성질로 말하면 불이고 물체로 말하면 태양에 비유될 수 있다. 그리고 감괘坎卦 '☵'는 방위로는 북쪽, 계절로는 겨울, 성질로는 물, 물체로는 달에 비유된다. 그런데 물을 상징하는 감괘는 그 안에 불(火), 곧 양陽을 가지고 있고, 불을 상징하는 이괘는 그 안에 물(水), 곧 음陰을 내포하고 있다. 이러한 원리를 알면 왜 음을 상징하는 지구가 안으로 들어갈수록 뜨거운 것인지 그 이치를 알게 되는 것이다.

그런데 동양사상에서는 현대의 과학기술과 첨단장비를 이용하지 않고도 어떻게 이런 원리를 알 수 있었는가? 그것은 바로 밖에 있는 지엽적인 지식만을 추구하지 않고, 안으로 인간 심성을 고도로 수양, 정진하여 자연현상의 근본원리를 총체적으로 파악하는 통찰과 예지를 지녔기 때문이었다.

맹자는 '모든 이치가 다 내 마음 안에 갖추어져 있으니 내 자신에게 돌이켜 수양한다면 즐거움이 무한할 것이다(萬物皆備於我矣 反身而誠 樂莫大焉)'라고 하였고, 《대학》에서는 '본래 밝은 마음을 밝혀라(明明德)'라고 하였다.

또한 불교의 《화엄경》에는 '지식이 없는 것이 바로 참다운 지식으로서 능히 일체의 진리를 알 수가 있다. 진리에 대해 만일 어떤 지식을 가지고 있다면 그것은 진리를 모르는 것이다(無見卽是見 能見一切法 於法若有見 此則無所見)'라고 하였다. 《능엄경楞嚴經》에서는 '지식이 있으면 그것은 곧 어리석음의 근본이 되고, 지식이 없으면 그것은 곧 열반의 길이 된다(知見立 知卽無明本 知見無 見斯卽涅槃)'고 하였다.

이처럼 동양사상에서는 지식의 궁극적인 목표에 있어 단순히 지식을 위한 지식이 아니라 인간과 자연의 본질적인 문제를 간파하는 지혜를 얻는 데 초점을 두었던 것이다. 이제 앞에서 노자가 '문밖에 나가지 않고도 천하의 이치를 알게 된다'고 했던 말의 의미를 이해하기가 어렵지 않을 것이다.

우리는 앞으로 마음으로 체득하여 얻는 근원적 진리에 관한 지혜를 더 소중히 여겼던 동양사상에 보다 깊은 관심을 기울여야 할 것이다.

우리 교육이 밖으로 습득하는 지식 중심에서 안으로 체득하는 지혜 중심으로 탈바꿈하고, 우리 사회가 지식이 많은 사람보다 지혜가 깊은 사람을 더 대접해주는 풍토를 마련한다면, 혼미를 거듭하는 우리의 가정과 학교, 사회가 제자리를 찾는 첩경에 들어서게 될 것이다.

내가 어떻게 알겠는가

설결*이 왕예**에게 물었다.

"선생님은 모든 사물이 다 같이 옳다는 것을 아십니까?"

"내가 어떻게 알겠는가?"

"선생님은 선생님이 그것을 모른다는 사실을 알고 계십니까?"

"내가 어떻게 알겠는가?"

"그러면 사물이란 원래 알 수 없는 것입니까?"

"내가 어찌 알겠는가마는 시험삼아 말해보겠네. 내가 안다고 함이 진정 모르는 것인 줄을 어떻게 알 수 있으며, 내가 모른다고 하는 것이 진정 아는 것인 줄을 어떻게 알 수 있겠는가?"

— [장자] 제물론

---

* 설결齧缺 – 허유의 스승

** 왕예王倪 – 설결의 스승

아인슈타인은 20세기 최고의 천재였다고 할 수 있다. 그러나 아인슈타인이 천재라 해서 세상의 모든 일을 다 알 수 있었던 것은 아니다. 광대한 우주 안에서 아인슈타인이 가진 지식이란 고작해야 우주 원리의 천분의 일, 만분의 일도 안 되었다. 아인슈타인은 평생 '나는 신이 세계를 어떻게 창조했는지 그의 생각을 알고 싶다'고 말하며 우주창조의 신비를 좇아 4차원 세계를 탐구하였다.

앞에서 '모른다는 것이 아는 것이요, 안다는 것이 모르는 것이다'라고 한 왕예의 이야기는 이와 같은 인간의 한계, 지식의 한계를 꿰뚫어본 예지에서 나온 역설이라 할 수 있다.

소크라테스는 '남들은 자신이 아무것도 모른다는 사실을 모르고 있는 데 반해, 나는 내가 아무것도 모른다는 사실을 알고 있다'고 하였다. 또한 공자는 '내가 아는 것이 있는가. 나는 아무것도 아는 것이 없다(吾有知乎哉 無知也)'고 하였고, 노자는 '아는 사람은 말하지 않고, 말하는 사람은 알지 못한다(知者不言 言者不知)'고 하였다. 그리고 장자는 '나의 생명은 한계가 있고 지식은 한계가 없으니, 한계가 있는 생명으로 한계가 없는 지식을 추구하는 것은 위태로운 일이다(吾生也有涯 而知也無涯 以有涯 隨無涯 殆己)'고 하였다.

이러한 말들을 통해서 보면 인류 최고의 스승으로 추앙받는 동서의 성자들이 지식 앞에 얼마나 겸손한 태도로 임했는지 알 수 있다. 대수롭지도 않은 지식으로 자만하고 있다면 자신의 지식이 과연 몇 푼어치나 되는지 한번 겸허하게 되돌아볼 일이다.

부귀와 명예는 귀한 것인가

신령한 거북

장자가 복수濮水 가에서 낚시질을 하고 있을 때 초나라 임금이 두 명의 대부大夫를 파견하여 뜻을 전했다.

"귀찮으시겠지만 나라의 정사를 맡아 다스려주십시오."

장자는 낚싯대를 쥔 채 돌아보지도 않고 말했다.

"내 들으니 초나라에는 신령한 거북이 있어 죽은 지 이미 3천 년이나 되었는데도 초나라 임금은 그것을 비단으로 싸 상자 속에 넣어 묘당에 잘 간직해두었다고 합니다. 그 거북은 죽어서 뼈를 남겨 사람들에게 귀중히 여겨지기를 바랐을까요, 아니면 진흙탕에서 꼬리를 끌고 다니기를 바랐을까요?"

"물론 살아서 흙탕물에 꼬리를 끌고 다니기를 바랐을 것입니다."

"돌아들 가시오. 나는 장차 흙탕물에서 꼬리를 끌고 다닐 테니."

— [장자] 추수

베이컨은 '지위가 높은 자는 삼중의 종이다. 임금이나 나라의 종이요, 명성의 종이요, 일의 종이다' 하였다.

정도전은 재상의 직책을 논하는 글에서 '대신의 의무는 위로 임금의 그릇된 마음을 바로잡고, 아래로 천하의 악함을 제거하는 일이다(大臣之任 上畜止人君之私心 下畜止天下之惡)' 하였다.

또 조광조는 임금과 학문을 강론하는 자리에서 '재상의 직책은 마땅히 백성을 위한 마음가짐을 가져야 한다(宰相之職 當以民爲心)' 하였다.

지위가 높을수록 공인으로서의 책임감이 무거워 상대적으로 마음의 여유와 행동의 자유가 크게 제약받기 마련이다.

도가 사상의 요체는 한마디로 '자유 자연' 네 글자로 요약된다고 하여도 과언이 아니다. 어떠한 인위적인 구속이나 속박도 거부하고 한 점의 걸림도 없는 대자연인, 대자유인으로 소요자적하면서 살기를 바랐던 장자에게 정치를 맡아달라는 부탁은 눈썹 찌푸릴 일이 아닐 수 없었다. 그래서 장자는 낚시를 하고 있던 복수 물가로 찾아온 초나라의 두 장관을 쳐다보지도 않은 채 퉁명스럽게 묘당에 모셔진 신귀神龜가 되기보다는 차라리 진흙 속에 꼬리를 끌고 다니는 한 마리 자유로운 거북이가 되겠다고 하였던 것이다. 당시 사회와 통치자에 대한 장자의 신랄하고 예리한 비판은 여러 군데에 보이고 있지만, 절대적인 자유를 추구하고 철저하게 속박을 싫어하는 그의 강한 개성은 무엇보다도 이 이야기에 잘 나타나 있다고 하겠다. 사마천이 쓴 《사기》의 노장 신한열전老莊申韓列傳에 '초나라 위왕이 장주莊周가

어질다는 소문을 듣고 초빙하여 재상으로 삼으려 하자 장주가 이를 거절했다'는 기록이 나오는 것으로 보아 이것은 실제로 있었던 일임을 알 수 있다.

《안자晏子》 문상問上편에는 다음과 같은 말이 나온다.

"대개 훌륭한 선비는 벼슬에 나아가기는 어렵게 하고 물러나기는 쉽게 한다. 보통의 선비는 쉽게 나아가고 쉽게 물러난다. 하등의 선비는 나아가기는 쉽게 하고 물러나는 것은 어렵게 한다."

아예 벼슬에 나아가는 것 자체를 거부한 장자의 태도는 지나치게 독선주의적인 면도 없지 않다. 그러나 부귀를 위해서가 아니라 자유를 위해서 살고자 했던 그의 정신은, 지위와 명예에 중독된 채 정신없이 살아가는 우리들에게 그 시사하는 바가 결코 작지 않다 하겠다.

지위가 없어도 부끄러워하지 않는다

공자가 안회를 보고 물었다.

"안회야, 가까이 오너라. 너는 집도 가난하고 지위도 없는데 어째서 벼슬을 하지 않느냐?"

"저는 벼슬을 원치 않습니다. 저는 성밖에 밭이 50묘畝 있습니다. 그것으로 죽은 끓여먹을 수 있습니다. 또 성안에는 집터가 50묘 있습니다. 그것으로 삼베옷을 지어 입을 수 있습니다. 거문고를 타면 스스로 즐거운 시간을 보낼 수 있고, 선생님의 도를 배워 스스로 즐거워할 수가 있습니다. 저는 벼슬을 원하지 않습니다."

공자는 감동을 받은 듯 얼굴빛을 고치면서 말했다.

"좋구나, 너의 뜻. 내가 들으니 '만족할 줄 아는 사람은 이익에 얽매이지 않고, 스스로 얻은 것이 있는 사람은 부귀를 잃어도 두려워하지 않으며, 마음을 수양한 사람은 지위가 없어도 부끄러워하지 않는다'고 한다. 나는 이 말을 들은 지 오래였는데, 이제 너를 통해서 비로소 보게 되었구나. 이것은 나의 큰 소득이다."

— [장자] 양왕

《논어》에서 공자는 다음과 같이 안회를 칭찬하고 있다.

"다른 사람들은 도시락밥 한 그릇에 표주박 물 한 바가지 마시며 시골에서 쓸쓸히 생활하는 고통스러움을 견디지 못하는데, 안회는 그런 속에서도 즐거움이 변치 않으니 훌륭하구나, 안회여!"[1]

공자는 재산도, 지위도, 권력도 없지만 언제나 만족한 태도로 즐거움을 잃지 않고 살아가는 안회를 3천 제자 중에서 그 어느 누구보다도 아끼고 사랑하였다. 안회가 불행하게도 요절하자 공자는 두고두고 그를 못 잊어 하였다.

아무것도 가진 게 없었던 안회가 그토록 즐거운 마음으로 세상을 살아갈 수 있었던 원동력은 무엇이었을까? 그것은 바로 진리에 대한 열정, 정의에 대한 사랑 같은 것이 아니었을까.

우리는 역사 속에서 세속적인 지위나 재산이 없더라도 안회처럼 세상을 즐겁고 당당하게 살아간 사람들의 경우를 더러 볼 수 있다. 안촉顔斶 역시 그런 사람 중 하나였다.

중국 전국시대 제나라에 안촉이라는 사람이 있었다. 그는 벼슬에 뜻이 없어 은거생활을 하고 있었다. 하루는 제나라 선왕宣王의 부름

---

1 一簞食 一瓢飮 居陋巷 人不堪其憂 回也 不改其樂 賢哉回也

이 있어 할 수 없이 입궐하게 되었다. 그러나 선왕은 오만무례하게도 '안촉, 이리 와!' 하고 호령하는 것이 아닌가. 안촉은 그 자리에 선 채 까딱도 하지 않고 '왕, 이리 와!' 하고 소리쳤다. 그러자 조정의 벼슬아치들은 분노하여 '일국의 왕 앞에서 이름도 없는 일개 문사文士가 어찌 이럴 수가 있느냐. 무엄하도다.' 하며 힐책했다. 이에 안촉은 '내가 만약 걸어가면 임금에게 굽신거리는 것이 되고, 임금이 걸어오면 문사를 존중하는 것이 되지 않는가. 바로 그렇기 때문에 이러는 것이다'하고 대답했다.

선왕이 대답을 듣고는 노하여 '도대체 문사가 고귀한가, 임금이 고귀한가?' 하고 물었다. 안촉은 다음과 같이 대답했다.

"전에 진나라가 제나라를 치려고 노나라를 지날 때 문사 유하혜柳下惠의 묘소를 보호하기 위해, 묘소 주변 50보 안에서 풀 한포기 나무 한 그루라도 건드리는 자는 참형에 처한다고 하였소. 그런데 진나라 군대는 제나라에 쳐들어간 후에 제나라 임금의 머리를 베어 오는 자에게 만호후萬戶侯라는 벼슬을 내리고 상금 2만 냥을 준다고 하였소. 이것으로 본다면 살아 있는 임금의 머리가 죽은 문사의 묘지보다 못한 줄 아뢰오."

선왕은 안촉이 만만치 않음을 알고 높은 벼슬과 부귀영화로 유혹해보았으나 안촉은 거절하였다.

"배가 고플 때 식사를 하면 고기를 먹는 것처럼 맛있을 것이고, 두 발로 조용히 걸으면 수레를 탄 것처럼 편안할 것이며, 죄 짓지 않으면 귀한 것이 될 것이고, 청렴결백하게 살아가면 즐거움이 있을 것이오."[2]

안촉이야말로 지위가 없고 가난하게 살아도 부끄럽지 않다는 것을 실천한 사람이라고 할 것이다.

높은 지위란 마치 높은 언덕 위에 우뚝 솟아 있는 나무와도 같아서 항상 거센 바람과 번개를 무서워해야 한다. 잘못하다간 언제 가지가 잘려나가고 밑동이 부러져 산산조각날지 모르기 때문이다. 그래서 순임금은 필부의 몸으로 하루아침에 천자가 되었지만 그것을 그다지 달갑게 여기지 않았고, 맹자는 천하에 왕 노릇 하는 것이 군자의 세 가지 즐거움(三樂)에 들지 못한다고 했던 것이 아닌가.

그러나 오늘날 우리 사회는 자신의 능력은 아랑곳하지 않고 그저 무슨 짓을 해서라도 한자리 하려고만 애를 쓰고, 또 어쩌다 요행으로 한자리 차지하면 놓치지 않으려고 기를 쓰는, 그야말로 공자가 말한 '환득환실患得患失'의 무리들로 가득 차 있다. 그 이유는 무엇일까? 토정 이지함의 다음 말을 들으면 그 해답이 자명해질 것이다.

"사람은 누구나 안으로 신령하고 건강하며, 밖으로 부귀를 누리기를 바란다. 그러나 탐하지 않는 것보다 부유한 것이 없고, 벼슬하지 않는 것보다 귀한 것이 없으며, 다투지 않는 것보다 강한 것이 없고, 아는 게 없는 것보다 신령한 것이 없다.

어리석은 자는 알지 않으면 신령해지지 못하고, 나약한 자는 다투지 않으면 강해지지 못하며, 빈궁한 자는 탐하지 않으면 부유해지지 못하고, 미천한 자는 벼슬하지 않으면 귀해지지 못한다. 벼슬하지 않고도 귀하며, 탐하지 않고도 부유하며, 다투지 않고도 강하며, 아는 것이 없으면서도 신령할 수 있는 것은 오직 대인大人이라야 가능하다."

2 晩食以當肉 安步以當車 无罪以當貴 淸靜貞正以自娛

썩은 쥐와 정승

혜자가 양나라의 정승으로 있을 때 장자가 그를 찾아가려고 했다. 그런데 어떤 사람이 이를 알고 혜자에게 말했다.

"장자가 당신을 대신해서 양나라의 정승이 되고자 하오."

혜자는 겁을 먹고는 장자를 찾기 위해 사흘 낮 사흘 밤 동안 온 나라를 뒤졌다. 장자는 이 소식을 듣고 혜자를 찾아가서 말했다.

"남쪽에 새가 있는데 그 이름을 원추*라 하오. 그대는 그 새를 아시오? 원추는 남해에서 북해로 날아가는데, 오동나무가 아니면 앉지도 않고, 대나무 열매가 아니면 먹지도 않으며, 맛이 단 우물물이 아니면 마시지도 않소. 그런데 마침 소리개 한 마리가 썩은 쥐새끼 하나를 가지고 있다가 원추가 지나가는 것을 올려다보고는, 그 썩은 쥐새끼를 빼앗길까 두려워 성을 내며 '칵!' 하고 소리를 질렀소. 이와 마찬가지로 그대도 양나라 정승 자리를 가지고 지금 나에게 성내어 '칵!' 하려고 드는 것이오?"

— [장자] 추수

―――――――――◦◦◦◦◦◦◦◦◦◦――――――――――

혜자는 장자와 같은 시대 사람으로, 장자보다 앞서 죽었다. 장자는 혜자의 무덤 앞을 지나가다가 이렇게 비탄해 마지않은 적이 있다.

"선생이 돌아가신 뒤로 나는 더불어 대화할 사람이 없습니다."[1]

장자와 혜자는 때로는 논적論敵이 되기도 했지만, 한편으로 서로의 입장을 이해해주는 좋은 친구 사이이기도 했다.

위의 이야기는 그 내용으로 보아서 실제 있었던 일이라기보다는 장자가 당시의 부귀공명에 눈이 어두운 무리들의 비열한 추태를 비판하기 위하여 허구적으로 그려낸 것이라고 할 수 있다.

중국 진나라 말엽에 유명한 전원田園시인 도연명이 있었다.

그는 중년에 접어든 마흔한 살 때 겨우 팽택현彭澤縣이라는 작은 고을의 현령이 되었다. 부임한 지 80여 일만에 상급 관청인 군郡에서 감독관이 내려왔다는 전갈을 받게 되었다. 부하들은 도연명에게 의관을 갖추고 나가뵙기를 재촉하였다. 그러나 감독관이란 자는 아주 보잘것없는 사람이었다. 도연명은 크게 탄식하며 이렇게 말했다.

"내가 어찌 봉급으로 받는 쌀 다섯 말을 위해서 시골의 소인배에게 허리를 굽힐소냐."[2]

그는 즉시 사표를 내던지고 고향으로 떠나갔다. '돌아가야지! 전

....

1 《장자》 서무귀徐無鬼 自夫子之死也 吾无與言之也
2 我豈能爲五斗米 折腰向鄉里小人

원이 황폐해질 텐데 어찌 돌아가지 않으리' 하고 시작되는 〈귀거래사歸去來辭〉는 바로 이때 지어진 것이다.

일본 에도시대에 게이츄(契沖, 1640~1701)라는 뛰어난 선사가 있었다. 게이츄 선사가 동복사東福寺의 관장管長으로 있을 때, 교토의 지사知事가 그를 찾아왔다. 지사의 수행원 한 사람이 게이츄 선사에게 지사의 명함을 내밀었다. 거기엔 '교토 지사 기타가키'라고 씌어 있었다. 명함을 바라보던 게이츄 선사는 제자에게 그 명함을 돌려보내며 이렇게 말했다.

"나는 이렇게 지체 높은 양반과는 상관이 없네. 자네는 가서 내가 빨리 여기서 나가주십사 요청하더라고 전하게."

제자가 기타가키 지사에게 이 말을 전했더니 지사가 말했다.

"내가 실수를 했소. 그 명함을 이리 주시오."

명함을 받은 지사는 '교토 지사'라는 직함을 지우고 게이츄 선사의 제자에게 다시 주며 말했다.

"가서 당신의 스승에게 다시 여쭈시오."

직함이 지워진 명함을 받은 게이츄 선사가 소리치며 말했다.

"아, 그 기타가키! 그렇지 않아도 한번 만나봤으면 했는데, 어서 들라 하여라."

조선조 때 유학자 소재蘇齋 노수신盧守愼이 쓴 《책문론策問論》에 이러한 말이 나온다.

"도덕에 뜻을 둔 사람은 공명이 그의 마음을 더럽히지 못하고, 공명에 뜻을 둔 사람은 부귀가 그의 마음을 더럽히지 못한다."[3]

세상에는 도덕을 추구하는 사람과 공명을 추구하는 사람, 부귀를 추구하는 사람의 세 부류가 있다. 장자는 도덕에 뜻을 둔 인물이고,

도연명과 게이츄 같은 사람은 부귀에 초연한 사람들이라고 할 수 있다. 하지만 오늘날에는 도덕에 뜻을 둔 사람은 고사하고 공명에 뜻을 품은 사람조차도 찾아보기가 쉽지 않다. 너나없이 모두가 부귀만 탐을 내어 그곳으로만 달려가는 판국이다.

귀천의 구별은 어디에 있는가

옛날에 걸桀과 주紂는 귀貴로는 천자가 되었고, 부富로는 천하를 가졌다. 그러나 오늘에 와서 도둑놈을 보고서 네 행실이 걸주와 같다고 하면, 곧 부끄러워하는 기색을 보이고 마음으로 승복하지 않는다. 이것은 소인도 걸주를 천하게 여기는 까닭이다.

공자와 묵적墨翟은 곤궁한 평민이었다. 그런데 한 나라의 정승을 보고 '당신의 행실이 공자와 묵적과 같다'고 하면, 곧 얼굴빛을 고치면서 자신은 부족하다고 말한다. 이것은 정승도 선비야말로 참으로 존귀한 존재라고 여기기 때문이다.

그러므로 권세가 있는 천자라고 해서 반드시 귀한 것이 아니요, 곤궁한 평민이라고 해서 반드시 천한 것이 아니다. 귀와 천의 구별은 오직 행실이 좋고 나쁜 데 있는 것이다.

— [장자] 도척

조선조 현종 때의 실학자 반계 유형원은 서울에서 출생했지만 남다른 큰 뜻을 품고 전라도 부안으로 내려가 독서와 저술로 일생을 마쳤다. 그의 유명한 저서인 《반계수록磻溪隨錄》 26권은 바로 이때 저술되었다.

조선조 중기의 학자 남명 조식은 여러 차례 나라의 부름을 받았으나 끝내 벼슬길에 나가지 않고 두류산 덕소동에 살았다. 그는 산천재山天齋라는 당호堂號를 짓고 그곳에서 학문과 사색에 전념하다가 일생을 마쳤다.

유형원과 남명은 살아생전 벼슬이라고는 요즈음 식으로 통반장한 번도 하지 않았지만, 우리 역사상에서 이들은 어느 정승이나 임금 못지않은 존경과 추앙을 받아왔다.

반면에 이완용이나 이기붕의 경우는 어떠한가? 당대에 총리대신과 민의원 의장이라는 권좌에 앉아 막강한 권력을 행사했던 그들이었지만, 오늘날 그들을 존귀하게 여기는 사람이 있는가. 나폴레옹은 '인간은 지위로 평가받는다'고 하였다. 그의 말대로라면 유형원과 남명은 천대받고 이완용과 이기붕은 존경받아야 마땅할 것이다. 그러나 지금의 평가는 그와는 정반대가 아닌가. 이런 것을 본다면 귀하고 천한 것의 구별이 신분상의 고하에 있는 것이 아니라 행실의 좋고 나쁨에 달려 있다는 장자의 말에 고개가 끄덕여진다.

맹자는 '남이 주었다가 빼앗을 수 있는 정승판서의 인작人爵보다는 인간이 본래 마음속에 지니고 있는 인의仁義의 천작天爵이 더 존귀하다'고 했다. 또 '세상에는 존귀한 것이 세 가지 있는데, 그것은 작위와 나이와 도덕이다(爵一齒一德一)' 하였다.

인작과 천작을 겸하여 갖추고 작위와 도덕을 아울러 존경하는 풍토가 그 어느 때보다도 절실한 것이 요즈음의 현실이다. 우리는 의식과 가치관의 새로운 변화가 요구되는 21세기를 살아가고 있다. 이제 '인간은 지위로 평가받는다'는 종래 나폴레옹 식의 관념에서 벗어나, '인간은 행실로 평가받는다'는 동양사상적으로 의식의 변화를 이루어보는 것이 어떨까.

천하를 사양한 허유

요임금이 허유에게 천하를 물러주려 할 때 다음과 같이 말했다.

"해와 달이 떠오르는데 촛불을 끄지 않으면 그 빛은 헛되지 않겠는가? 때맞춰 비가 내리는데 물을 대려고 한다면 한갓 헛수고가 아니겠는가? 그대가 임금이 되면 천하가 잘 다르려질 텐데, 내가 천하를 맡고 있으니 스스로 부끄럽게 여겨지는구려. 부디 천하를 맡아주오."

그러자 허유가 대답했다.

"임금께서 이미 잘 다스리고 있는데 제게 대신하라 하니, 이는 저에게 앞으로 이름을 얻기 위해 살란 말씀입니까? 이름은 실상의 외재적인 것인데 저더러 실상이 아닌 외재적인 것을 추구하란 말씀입니까? 뱁새는 깊은 숲에 깃들어도 몸을 두는 곳은 한 나뭇가지에 지나지 않고, 새앙쥐는 강물을 마셔도 제 배를 채우는 데 지나지 않습니다. 임금이시여, 그만 돌아가십시오. 저는 천하를 가져 쓸 데가 없습니다. 부엌에서 음식 만드는 사람이 비록 제수를 제대로 장만하지 못한다 해도, 제사를 주관하는 사람이 술병과 제기를 넘어가서 그 일을 대신하지는 않는 법입니다."

— [장자] 소요유

━━━━━━━━━━ ❀ ━━━━━━━━━━

《주역》에는 다음과 같은 말이 씌어 있다.

"성인의 큰 보배를 지위라 한다."[1]

또 《효경》에는 자식이 입신양명해서 부모의 존재를 드러내는 것을 효도의 중요한 덕목으로 삼고 있다.

유가에서는 옳지 않은 방법을 통해서 부귀를 획득하는 것은 찬성하지 않지만, 정당하게 얻은 지위와 명예의 효용 가치는 부정하지 않는다.

그러나 도가에서는 부정하고 부당한 방법을 통해서 얻는 부귀공명은 물론이고 정당한 방법으로 얻어지는 부귀공명에 대해서도 별로 달갑게 여기지 않는다. 왜냐하면 세속적인 부귀공명에 초연하여 유유자적한 생활을 즐기는 것을 최고의 이상으로 여기기 때문이다. 도가의 이러한 정신은 《장자》의 다음 구절에 잘 요약 되어 있다.

"지극한 사람(至人)은 모두를 초월해서 '나'라는 인식까지도 존재하지 않고, 신인은 공업功業을 추구하지 않고, 성인은 명예를 추구하지 않는다."[2]

....

1 聖人之大寶曰位
2 《장자》 소요유 至人無己 神人無功 聖人無名

천하를 사양한 허유의 이야기는 바로 이런 도가의 정신세계를 상징적으로 보여준 경우라고 할 수 있다.

허유의 이야기와 함께 연상되는 것이 고대 그리스 견유학파(犬儒學派, the cynics)의 대표적인 인물인 디오게네스이다.

디오게네스는 모든 것을 버리고 단지 남루한 옷 한 벌만을 걸치고 버려진 통 속에서 살았는데, 어느 날 왕위에 오른 젊은 대왕 알렉산더가 그를 찾아와 이렇게 말했다.

"당신이 원하는 것이 무엇이오? 무엇이든 들어주겠소."

그러자 디오게네스는 대답했다.

"오랜만에 따뜻한 햇볕을 쬐고 있는데, 당신이 그늘을 만들고 있으니, 한 발짝만 옆으로 비켜서 주시오. 내 소원은 그것밖에 없소."

알렉산더는 아무 말도 못하고 돌아서 가며 스스로에게 이렇게 말했다.

"내가 알렉산더로 태어나지 않았더라면 모름지기 디오게네스가 되고 싶다."

천하의 권력을 한손에 거머쥘 수 있는 천자의 자리를 사양한 허유와, 천하의 권력을 한손에 쥐고 있는 대왕의 호의를 거절한 디오게네스의 이야기는 오늘의 세태 앞에 시사하는 바가 크다. 천하의 임금자리는 고사하고 만원버스에서 노약자에게 자리를 양보하는 일에도 인색해진 우리 자신을 곰곰이 되짚어보는 시간이 필요할 것이다.

치료하는 곳이 더러울수록
수레 수가 많아진다

송나라에 조상曹商이란 사람이 있었다.

그가 어느 날 진秦나라에 사신으로 가게 되었는데, 떠날 때 송나라 임금에게서 수레 몇 대를 얻어 가지고 갔다. 그런데 진나라 임금이 그를 매우 좋아해 수레 백 대를 더 붙여주었다. 그래서 조상은 송나라로 돌아와 장자에게 자랑삼아 말했다.

"비좁고 더러운 빈민굴에 거주하고, 구차하게 신이나 만들며, 굶주려 여윈 목에 누런 얼굴로 사는 것은 아무래도 내게 맞지 않는 일이야. 만승萬乘의 임금을 달래어 백 대의 수레를 얻는 것이야말로 바로 내가 지니고 있는 장기라네."

장자가 말했다.

"듣기에 진나라 임금이 병이 나서 의사를 불렀을 때 종기를 터뜨려 고름을 짜내는 사람은 수레 한 대를 주고, 치질을 입으로 핥아주는 사람에게는 수레 다섯 대를 주었다고 하더군. 치료하는 곳이 더러울수록 수레 수가 많아졌다는 이야기네. 그러면 자네는 혹시 진나라 임금의 치질이라도 핥아주었던 것인가? 아니면 어떻게 그처럼 많은 수레를 얻었는가? 그만 돌아가보게!"

— [장자] 열어구

이 이야기는 하루아침에 수레 백 대를 얻는 결과가 중요한 것이 아니라 그것을 얻는 과정이 중요하다는 사실을 말하고 있다.

세속적인 욕망을 달성하기 위해 동원되는 비열한 수단에는 여러 가지 유형이 있는데, 미인계나 뇌물을 써서 권력과 부귀를 획득하는 것은 흔히 보아왔던 일이다.

돈으로 관직을 산 사람의 경우를 예로 들어보자.

중국 후한 영제靈帝 때 최열崔烈이라는 사람은 500만 금이라는 거금을 주고 장관 자리를 얻어 거드름을 피우고 다녔다. 하루는 최열이 아들 균鈞에게 물었다.

"세상 사람들이 나를 어떻게 평하고 있느냐?"

그러자 아들이 답했다.

"사람들은 아버지한테서 돈냄새가 난다고 싫어합니다."

오늘날 우리 사회에는 땅투기로 졸부가 되어 우쭐대는 사람, 뇌물로 권력을 얻어 거들먹거리는 사람들이 있다. 이들은 그것을 소유하기 위해 저지른 행위에 대해 전혀 수치심을 느끼지 않는다. 오히려 마치 당연한 일처럼 여기며 원리원칙대로 살아가는 사람들을 비웃기도 한다.

장자의 눈에는 이런 부류들이 어떻게 비쳐질까? 그는 어떤 특유의 독설로 이들을 질타하고 싶을까?

달팽이뿔 위의 임금

대진인*이 위魏나라 임금에게 말했다.

"이른바 달팽이라는 것이 있는데, 임금님은 아십니까?"

"알다마다!"

"그 달팽이의 왼쪽 뿔 위에 나라를 세운 이가 있는데 촉씨觸氏라 하고, 그 달팽이의 오른쪽 뿔 위에 나라를 세운 이가 있는데 만씨蠻氏라고 합니다. 그들은 가끔 땅을 빼앗기 위해 싸움을 일으켜서 사상자가 수만 명이나 되고, 달아나는 패잔병을 보름 동안이나 추격한 뒤에 돌아온다고 합니다."

"어허, 그런 거짓말을 어찌 믿는가!"

"이는 분명한 사실입니다. 임금님께서는 저 사방과 상하의 우주가 다함이 있다고 생각하십니까?"

"다함이 없다고 생각하네."

"마음이 다함이 없는 우주에 노닐던 사람이 돌아와 인간세계의 여러 나라들을 보게 되면, 그것은 극히 작아서 있는 것도 같고 없는 것도 같지 않겠습니까?"

"그야 그렇지!"

"사람이 살고 있는 여러 나라들 가운데 위나라가 있고, 위나라 가운데 그 수도 양梁이 있고, 양 가운데 임금님이 있습니다. 그러면 임금님께서 저 달팽이뿔 위의 촉씨나 만씨와 다를 것이 있겠습니까?"

"다를 것이 없네그려."

대진인이 물러나가고 임금은 혼자 정신나간 사람처럼 앉아 있었다. 혜자惠子가 들어가 임금을 뵈었다.

임금은 말했다.

"지금 왔던 그 손님은 실로 큰 인물이다. 성인聖人도 그를 당할 수는 없을 것이다."

— [장자] 칙양則陽

* 대진인戴晉人 – 양나라의 현인

장자는 이 해학적인 이야기에서 작은 달팽이뿔을 확대시키고 큰 국가를 축소시켜, 당시 끊일 날이 없던 권력싸움과 영토분쟁을 비판하고 있다.

달팽이는 동물 중에서도 아주 작은 동물에 속한다. 더구나 달팽이 머리 위에 달린 두 개의 뿔은 잘 보이지도 않을 만큼 작다. 그런데 달팽이 왼쪽 뿔을 촉씨의 나라, 오른쪽 뿔은 만씨의 나라로 비유한 뒤, 당시 위나라의 임금을 이 촉씨와 만씨에 비유하고 있다.

일개 국가란 무궁무진한 전체 우주의 차원에서 본다면 달팽이 머리 위의 뿔이나 다름없는 보잘것없는 것이다. 이 보잘것없는 것을 서로 차지하기 위해 희생자를 내면서 전쟁을 벌이는 것은 얼마나 가련하고 가소로운 일인가.

장자는 당시의 사회와 정치에 대한 혐오감 내지는 소외감 같은 것을 이런 식의 풍자를 통해 표출했던 것이라 할 수 있다. 장자가 아니라면 그 누가 고귀하고 거룩하게만 여겨지는 임금의 지위를 달팽이뿔에 비유하는 발상을 해낼 수가 있겠는가.

장자의 이런 가르침을 통해서 현실세계에 대한 집착에서 탈피하여 인생과 사회를 보다 넓은 시야에서 바라볼 수 있는 지혜를 터득해야 할 것이다.

누구에게 정치를 맡길 것인가

주기는 해도 받기를 바라지 않는다

남쪽 월越나라 부근에 건덕健德이라는 나라가 있다.

그 나라의 백성들은 단순하고 소박하며 욕심이 많지 않다. 생산할
줄은 알아도 저장할 줄 모르고, 주기는 해도 받기를 바라지 않는다.
어떻게 하는 것이 의에 적합한 것인지도 모르고, 어떻게 하는 것이 예
를 행하는 것인지도 모른다.

다만 생각나는 대로 무심히 행동하면서도 모두가 자연의 대도大道
에 부합된다. 그들의 삶은 즐거움으로 가득 차 있고 죽음은 편안하다.

― [장자] 산목

장자는 '건덕'이라는 나라를 통해서 문명 이전의 사회 모습을 그리고
있다. 비록 간단한 내용이지만 장자가 생각하는 이상 정치, 이상 사

회가 어떤 것인지 잘 말해준다고 하겠다.

《장자》천지天地편에도 이와 비슷한 내용이 보인다.

"지덕至德의 시대에는 어진 이를 높이지 않고 유능한 사람을 임용하지 않는다. 윗사람은 높은 나뭇가지처럼 무심하게 앉아 있고, 백성들은 들의 사슴처럼 천진하게 뛰논다. 백성들은 단정하면서도 그것을 의라고 여기지 않고, 서로 사랑하면서도 그것을 인이라고 여기지 않으며, 진실하면서도 그것을 충이라고 여기지 않고, 언행이 일치하면서도 그것을 신이라고 여기지 않는다. 또한 열심히 서로 도와주면서도 그것을 은혜라고 여기지 않는다. 그러므로 행하여도 자취가 드러나지 않고 사적事跡은 전해지지 않는다."

인의와 충신을 내세우지 않으면서도 사랑과 정의와 진실로 충만한 사회, 이것이 바로 장자가 추구하는 정치의 최고 이상이다. 유가에서는 인의와 충신을 인간사회의 최고 덕목으로 간주하여 이를 실현하는 데 정치의 기준을 두지만, 장자는 예의와 충신이 무엇인지조차도 알지 못하는, 마치 다듬어지지 않은 원목과도 같이 순수하고 소박한 사회를 건설하는 것을 정치의 이상으로 삼은 것이다.

유토피아Utopia란 말은 라틴어로 '어디에도 없는 나라'라는 뜻이다. 영국의 토머스 모어가 쓴 《유토피아》에는 대서양 한복판에 유토피아라는 섬이 있는데, 신분과 계급이 없이 모두가 똑같이 노동하여 그 생산물을 분배받고 또 금화나 보석에도 욕심이 없는, '평화로운 이상향으로 묘사되어 있다. 모든 인간이 무위자연의 세계로 돌아가기를 요구한 장자는 어쩌면 이런 유토피아 같은 세상을 꿈꾸었는지도 모르겠다.

도가의 무위자연의 관점은 지나치게 이상주의적인 측면이 있는 것이 사실이다. 그러나 도가의 고상한 이상주의와 현대의 현실주의적 과학문명이 결합될 길을 모색할 수는 없을까. C. 슈르츠는 이렇게 말한 바 있다.

"이상은 별과 같아서 당신 손으로 그것을 만질 수는 없을 것이다. 그러나 당신은 바다를 항해하는 선원처럼 이상을 안내자로 삼아 당신의 운명에 다다를 수 있을 것이다."

누구에게 정치를 맡길 것인가

관중이 앓아누웠을 때 그 임금인 제나라 환공이 문병을 와서 물었다.

"그대의 병이 위독하구나. 만일 그대가 세상을 떠나는 일이 생긴다면, 나는 누구에게 이 나라의 정치를 맡기면 좋겠는가? 숨기지 말고 이야기해보도록 하라."

"임금님께서는 누구에게 맡기고자 하시옵니까?"

"포숙아鮑叔牙가 어떻겠는가?"

"아니됩니다. 그는 사람됨이 깨끗하고 청렴하고 착한 선비임이 틀림없습니다. 그러나 포숙아는 자기보다 못한 사람과는 사귀지 않으며, 한번 남의 잘못에 대해 들으면 평생 잊지 않는 사람입니다. 만일 그에게 정치를 맡기면 위로는 곧은 말로 임금을 구속할 것이요. 아래로는 밝은 눈으로 백성들의 마음을 거슬러 오래가지 못해 임금으로부터 죄를 입을 것입니다."

"그러면 누가 좋겠는가?"

"습붕隰朋이 좋을 것입니다. 그의 사람됨은 윗자리에 있는 사람은 잊어버리고 아래 있는 사람에게는 배반당하지 않습니다. 자기 스스로 도덕이 저 황제黃帝에 미치지 못하는 것을 부끄러이 여기고, 자기보다 못한 사람을 불쌍하게 여기는 사람입니다. 덕을 여러 사람에게 나누어 주는 것을 성聖이라 하고, 재물을 여러 사람에게 갈라주는 것을 현賢이라고 합니다. 현명함을 남에게 과시하면 민심을 얻을 수 없고, 현명함을 잊고 남에게 공손하면 민심을 얻지 못할 일이 없는 것입니다. 나라를 다스림에도 듣지 않는 것이 있어야 하고, 집을 다스림에도 보지 않는 것이 있어야 하는 것입니다. 굳이 추천하라시면, 습붕이 좋다고 생각합니다."

— [장자] 서무귀

구소련의 수상이자 공산당 서기장이었던 스탈린. 그는 '강철의 사나이'라는 이름에 걸맞게 피의 숙청을 감행하는 등 강력한 레닌주의를 실천하였다. 정권이 끝나갈 무렵 어느 날 그는 흐루시초프를 자기 방으로 불렀다.

"여러 가지로 생각한 끝에 동무를 후계자로 지명키로 했소. 정권을 잡으면 처음에는 모두 아부를 해오지만 시간이 흐르면 뒤에서 비판의 소리가 높아지기 마련이오. 내가 대비책을 가르쳐 주겠소."

스탈린은 봉투 두 개를 꺼내놓았다.

"여기에 그 대비책을 쓴 봉투들이 있으니 지하의 금고에 잘 넣어두었다가 그런 사태가 빚어지면 하나씩 열어보시오."

얼마 후 흐루시초프가 정권을 잡게 되었는데 스탈린의 예상대로 몇 해 뒤 첫 번째 위기가 닥쳤다. 간부들의 신뢰를 잃고 곤경에 처하게 된 흐루시초프는 스탈린이 남긴 첫번째 봉투를 꺼내보았다. 거기에는 이렇게 씌어 있었다.

"내가 취해온 정책을 비판하시오. 나를 나쁜 놈이라고 하시오."

흐루시초프는 당장 '스탈린 비판'을 시작했다. 신격화돼 있던 스탈린을 인간으로, 다시 악마로 격하시키는 운동을 전개한 것이다. 이렇게 해서 흐루시초프는 위기에서 벗어날 수 있었다.

그러나 얼마 지나지 않아 다시 비판의 소리가 높아졌다. 흐루시초프는 두번째 봉투를 뜯어보았다. 거기에는 다음과 같이 씌어있었다.

"동무도 두 통의 봉투를 작성하시오."

물론 이 이야기는 우스갯소리이다. 하지만 흐루시초프가 스탈린 격하 운동을 벌였던 것은 실제로 있었던 일이다. 자신을 후계자로 지명해준 전임자를 악마로까지 격하시킨 흐루시초프는 도덕적인 결함이 있었던 인물이라 할 수 있다. 후계자가 전임자의 정책을 계승하여 발전시키기는커녕 비판하고 짓밟는 이런 후계 구도로 어떻게 공산주의가 세계를 지배하는 사상으로 진전될 수 있었겠는가. 사회주의가 몰락의 길로 들어선 것은 결코 우연이 아니라고 할 수 있을 것이다.

그렇다면 민주주의 국가의 후임자 선출방식은 어떠한가? 물론 투표로 선출한다. 지금은 영상매체시대가 되다보니 텔레비전이 당락에 아주 중요한 영향을 미치게 되었다. 미국인처럼 코미디를 좋아하는 국민들의 경우, 대통령 후보자들의 텔레비전 토론회에서 어느 후보가 청중을 더 많이 웃겼느냐에 따라 지지도가 결정될 정도라고 한다.

전임자에 대한 비판으로 후계자의 입지를 강화하는 후계방식은 문제점이 많다. 하지만 정치를 코미디처럼 생각하여 얼마나 잘 웃기느냐에 따라 후보자의 지지를 결정하는 것도 그다지 바람직한 현상은 아니다.

요임금이 순에게 정권을 이양하면서 한 말이 '윤집궐중允執厥中' 네 자였다. 즉, 언제나 어느 한쪽에 편중되지 말고 중용의 입장에 서서 정책을 펴라는 뜻이다.

순임금이 다시 우에게 정권을 이양할 때에는 '윤집궐중' 네 자에 열두 자를 덧붙여 이렇게 당부하였다.

"인심유위人心唯危 도심유미道心唯微 유정유일唯精唯一 윤집궐중允執厥中."

인심人心은 위험 요소를 내포하고 있고, 도심道心은 미미한 상태로 있으니, 인심과 도심을 정밀히 살펴서 도심을 한결같이 지켜 나가야만 어느 한쪽에 편중되지 않는 중용적인 정책을 펴나갈 수가 있다는 뜻이다. '윤집궐중'에 대한 구체적인 방법론을 첨가한 것이다.

요임금은 9남 2녀나 되는 자식들을 제쳐두고 덕이 높은 순을 후계자로 삼았고, 순임금은 큰아들 상균商均이 불초不肖하자 덕이 높은 우에게 정권을 이양했다. 능력보다도 덕행을 중시하고 혈통보다는 법통을 존중하는 것이 원시 유가의 전통적인 후계방식이었다.

위의 이야기에서 장자는 관중과 환공의 대화를 빌어서 정치지도자의 후계문제에 대해 논하였다. 관중과 포숙아는 오늘날까지도 우정의 상징으로 일컬어지는 '관포지교管鮑之交'의 당사자들로, 친분으로 말한다면 관중이 포숙아를 추천하는 것이 백번 옳았을 것이다. 그러나 관중은 자기와 별로 절친하지도 않은 습붕을 천거하였다. 그 이유는 무엇이었을까?

　그것은 바로 포숙아가 청렴하고 정직하며 총명한 선비이기는 하지만, 윗사람을 받들고 아랫사람을 포용하며 유능한 사람을 인정하고 부족한 사람을 감싸줄 줄 아는 덕을 갖춘 정치가로서는 습붕에게 모자람이 있었기 때문이다.

　정치지도자를 혈통과 친분을 떠나 덕행을 보고 정하는 동양의 전통적인 후계제도와, 현대 민주주의 선거제도를 결합시킨 제3의 선거방식을 구상해보는 것은 어떨까?

상벌이 필요없는 세상

요임금이 천하를 다스리던 시절, 백성자고伯成子高는 조정에 나아가 제후가 되었다. 그러나 얼마 뒤 요임금은 순임금에게 천하를 물려주고, 순임금은 또 우임금에게 천하를 물려주었다.

백성자고는 곧 제후직을 사직하고 돌아와 농사일을 시작했다. 우임금이 직접 찾아가보았을 때 그는 밭을 갈고 있었다. 우임금은 백성자고에게 달려가 그 아래쪽에 서서 물었다.

"옛날 요임금이 천하를 다스릴 때 그대는 나아가 제후가 되었다가, 요임금이 순임금에게 또 순임금이 내게 천하를 물려주자 제후를 사양하고 돌아와 농사를 짓고 있소. 이는 무슨 까닭이오?"

"요임금이 천하를 다스릴 때는 상을 주지 않아도 백성들이 선으로 나아갔고, 벌을 주지 않아도 두려워 악을 짓지 않았습니다. 그러나 이제 우임금께서 상을 주고 벌을 주어도 백성들은 어질어지지 않사옵니다. 덕은 지금부터 쇠해지고, 형벌은 지금부터 성해지며, 뒷세상의 어지러움은 지금부터 시작하는 것입니다. 임금께서는 제 일을 방해하지 말고 빨리 돌아가십시오."

백성자고는 그저 묵묵히 밭을 갈 뿐, 다시는 돌아보지 않았다.

— [장자] 천지

상앙商鞅은 법가의 대표적인 인물이다. 그는 중국 전국시대 중기에 진나라 효공孝公의 절대적인 지원 아래 호적제도를 만들어 연좌법을 실시하고, 대가족제를 폐지하여 소가정제小家庭制를 시행했다. 또한 정전제도를 폐지하여 군현제를 설치하고, 도량형을 통일하는 등 새로운 법과 제도의 정비를 통해 진나라가 법치국가로서의 기틀을 다지는 데 크게 기여했다.

그러나 그 당시는 법에 대한 인식이 생소하던 때였다. 그래서 상앙은 여러 가지 새로운 법령을 제정, 공포하기 전에 어떻게 하면 백성들에게 앞으로 모든 일이 법에 따라 처리되고, 제정된 법률은 반드시 시행된다는 관념을 심어줄 수 있을지에 대해 고민하였다. 그러던 끝에 그는 한 가지 묘안을 생각해냈다.

하루는 상앙이 사람을 시켜 수도의 남문 밖에 30자 길이의 큰 나무토막 하나를 세우도록 했다. 사람들은 호기심이 발동한 나머지 나무 주위로 모여들었다. 시간이 갈수록 사람의 수는 자꾸 불어났다. 이때 상앙은 거기 모인 사람들에게 다음과 같이 선포하였다.

"누구든지 이 나무토막을 운반하여 북문에 가져다놓은 사람에게는 10금을 상금으로 주겠노라!"

나무토막 하나를 옮기면 상금을 준다는 소리에 사람들은 믿어지지 않는다는 듯 서로 얼굴만 바라볼 뿐 아무도 나서지 않았다. 이에 상앙이 또다시 큰 소리로 외쳤다.

"이 나무토막을 북문에 옮겨다놓는 사람에게 50금을 상금으로 줄 것이다!"

그러자 용감한 남자 하나가 나무토막을 어깨에 둘러메고 북문에 가져다놓았다. 상앙은 그 자리에서 즉시 50금을 상으로 내렸다. 그는 자신이 결코 식언하지 않고 언행이 일치된 사람임을 실제행동으로 보여주었던 것이다.

이 이야기는 바로 《사기》 상군열전商君列傳의 '사목상금徙木賞金' 고사이다. 상앙은 이러한 방법을 통해서 통치 초기에 자신이 제정한 법률을 신속하게 전국적으로 실시할 수 있었다. 하지만 상앙이 자신이 만든 법으로 진나라를 부강하게 만드는 데 크게 기여한 것은 사실이나, 법을 시행하는 과정에서 모순과 마찰, 폐단 등도 적지 않게 나타났다.

효공이 죽고 그 아들 혜문왕惠文王이 즉위하게 되자 반대 세력들은 상앙이 반역을 도모한다고 모함하였다. 그는 결국 생명의 위험을 느낀 나머지 망명길에 올랐다. 국경선에 당도했을 때 날이 저물자 상앙은 하룻밤 묵어가기 위해 여관에 찾아들었다. 그러나 그가 바로 상앙이라는 사실을 알 리 없는 여관 주인이 이렇게 말했다.

"상앙의 법에 투숙객이 신분증명서가 없으면 발각된 뒤에 여관 주인도 같이 처벌받게 되어 있소."

서둘러 떠나온 망명길이라 신분을 밝힐 아무런 증명서도 없던 상앙은 결국 여관 주인으로부터 문전박대를 받았다. 그는 법의 무정함을 개탄하면서 이렇게 중얼거렸다.

"내가 만든 법의 병폐가 끝내 나 자신에게까지 미치고 있구나."

그후 상앙은 위나라로 망명했으나 받아들여지지 않았기에 하는 수 없이 진나라로 되돌아올 수밖에 없었다.

그의 가족은 몰살되었고, 그는 자신이 만든 형벌 중 가장 잔혹한 형벌인 거열車裂, 즉 죄인을 수레 뒤에 매달아 갈기갈기 찢어 죽이는 형벌로 처형당했다.

상앙은 왜 이렇게 처참하게 죽어야만 했는가? 그것은 그가 엄중한 형법을 만들어 백성들을 일사불란하게 움직이도록 속박하고, 범법자들을 예외 없이 법대로 처단하여 많은 원한을 삼으로써, 권좌에서 물러났을 때 아무도 그의 편이 되어주지 않은 결과일 것이다. 다시 말해 덕으로 사람을 인도하는 덕치의 정신을 배제하고 법에만 의존하여 세상을 다스린 데 기인한 것이다.

그렇다면 덕치와 법치의 차이는 무엇인가? 쉽게 말하면 어떤 결과가 나타나기 전에 미리 좋은 방향으로 선도하고 계도하는 것이 덕치이고, 결과를 가지고 시비와 선악을 가려 상벌을 내리는 것이 법치이다. 비유하자면, 덕치는 질병이 발생하기 전에 건강관리를 잘하여 미연에 방지하는 것이고, 법치는 질병이 발생한 뒤의 대증요법과 같은 것이라고 할 수 있다.

정치의 형태에는 도덕적인 방법으로 다스리는 덕치, 엄정한 법과 제도를 제정하여 다스리는 법치, 어떤 정치적인 술수와 기교를 이용하여 다스리는 술치術治, 권력과 폭력으로 다스리는 역치力治 등이 있다.

법치는 술치나 역치보다 분명히 한 단계 높은 차원의 정치인 것만은 사실이다. 그러나 법치란 결국 앞에서도 언급한 바와 같이 예방책이 될 수가 없다는 한계가 있다. 그래서 동양 정치사상에서는 덕치를 가장 이상적인 정치제도로 여겨온 것이다.

공자는 《논어》에서 '법과 제도로만 사람을 다스리면 백성들이 형벌을 면하는 데만 관심을 가질 뿐 수치심을 가질 줄 모른다. 도덕적인 방법으로 선도하면 죄에 대한 수치심을 갖게 되고, 또한 선량한 방향으로 나아가게 된다(道之以政 齊之以刑 民免而無恥 道之以德 齊之以禮 有恥且格)'고 하였다. 덕치와 법치의 차이를 잘 설명해주는 말이라 할 수 있다.

오늘날 서양 정치사상에서는 법치를 가장 이상적인 정치형태로 여긴다. 영국이나 미국과 같이 법적인 장치가 잘된 나라들은 현대 법치국가의 모델이 되고 있다. 그러나 어찌된 일인가? 법과 제도가 가장 잘 정비되어 있다는 이런 나라에서 강간, 살인, 폭행과 같은 범죄가 더 많이 발생하고 있으니 말이다.

상을 주지 않아도 백성들이 선을 행하고 벌을 주지 않아도 악한 일을 행하지 않는 정치, 곧 법이 없어도 살 수 있는 세상을 만드는 덕치를 정치의 최고 이상으로 여겼던 동양의 정치사상이, 저 현대 서구의 정치사상보다 한 단계 위인 것이라고 인정해야 하지 않을까.

지혜 있다는 사람이 큰도둑을 위해 일한다

좀도둑은 상자를 열고 포대 자루를 뒤지고 궤짝을 들추기 마련이다. 이러한 좀도둑을 막으려면 반드시 노끈으로 잡아매거나 빗장이나 자물쇠를 단단히 해야 한다. 세상의 지혜로운 사람들은 이와 같이 한다.

그러나 큰도둑은 궤짝을 지고 상자를 들고 자루를 메고 달아나기 마련이다. 큰도둑은 좀도둑과 달리 오히려 노끈이나 자물쇠가 튼튼하지 않을 것을 걱정한다.

그렇다면 앞에서 말한 지혜로운 사람이란 결국 큰도둑을 위해 미리 준비 작업을 해주는 사람이 아니겠는가? 세상에서 지혜 있다는 사람 치고 결국 큰도둑을 위해 일하지 않은 사람이 있었던가? 또 이른바 성인이라는 사람 치고 큰도둑을 위해 문지기 노릇을 하지 않았던 사람이 있었던가? 어째서 이와 같은 것인가?

옛날 제나라는 이웃 고을이 서로 잇닿아 있어 닭 우는 소리, 개 짖는 소리가 서로 들리고, 그물을 펴 고기를 잡고 호미를 들어 밭을 가는 땅이 사방 2천여 리나 되었다. 그래서 전국에 종묘와 사직을 세우고

각 지방을 관리함에 성인의 법을 본받지 않은 바가 없었다.

그런데 어느 날 전성자田成子는 하루아침에 제나라 임금을 죽이고 나라를 훔쳤다. 훔친 것이 어찌 나라뿐이었겠는가? 성인이 만든 제도까지 아울러 훔쳤던 것이다. 그래서 전성자는 도둑이라는 이름을 얻게 되었다.

그러나 그 몸만은 요순처럼 편안히 살았다. 작은 나라는 감히 그를 비난하지 못하고 큰 나라들도 감히 그를 처벌하지 못해서 오랫동안 제나라를 차지할 수 있었다. 즉 나라와 법을 훔침으로써 도둑은 제 몸을 안전하게 보존했던 것이다.

시냇물이 마르면 골자기의 물이 없어지고, 언덕이 무너지면 깊은 못이 메워지며, 성인이 죽으면 큰도둑이 일어나지 않아 천하는 태평하여 스스로 일이 없을 것이다. 그러나 성인이 죽지 않으면 큰도둑도 그치지 않는다. 아무리 성인의 힘을 빌어 천하를 다스린다고 해도 그것은 결국 도척을 이롭게 하는 일이 될 뿐이다. 섬이나 말(斗斛)을 만들어 곡식을 되면 섬이나 말마저 도둑질할 것이요, 저울을 만들어 물건을 달면 저울마저 도둑질 할 것이다. 부신(符)과 옥새를 만들어 신표로 쓰면 그 부신과 옥새마저 도둑질할 것이요, 인의의 도를 내세워 사람을 바로잡으려 하면 그 인의마저 도둑질할 것이다.

조그만 허리띠 하나를 훔친 사람은 처형을 당하고 큰 나라를 훔친 사람은 제후가 된다. 세상은 그런 제후의 가문에서 벌어진 일은 모두 인의에 부합된다고 말한다. 이는 곧 인의와 성스러운 지혜를 훔친 것이 아닌가?

— [장자] 거협胠篋

공자는 《논어》에서 "주나라는 하, 상 두 나라에 견주어볼 때 그 문화가 찬란하니 나는 주나라를 따를 것이다(周監於二代 郁郁乎文哉 吾從周)"라고 했다.

맹자는 "성인聖人은 인륜의 극치이니 모두가 요순을 본받아야 한다"라고 말했다.

이처럼 유가에서는 성현과 그 성현들에 의해 제정된 문물제도를 중요하게 여겼다.

공자는 자신의 정치 이상을 펴기 위해 온 천하를 두루 돌아다녔다. 공자는 말할 수 없이 많은 고초를 겪었으며 심지어는 '상가지구喪家之狗'라는 말까지 듣기도 하였다. 공자를 '상가지구'라고 표현한 예는 《사기》의 공자세가孔子世家와 《공자가어孔子家語》의 입관立官편에서 찾아볼 수 있다.

'상가지구'라는 말에 대해서는 종래 두 가지 해석이 있었는데, 하나는 '초상집 개'라고 보는 것이고, 다른 하나는 '집 잃어버린 개'로 본 것이다. 하지만 두 경우 다 밥도 제때에 못 얻어먹고 이리저리 돌아다닌다는 점에서는 매한가지이므로, 두 가지 해석 모두 통용되는 데는 별 문제가 없다.

그렇다면 공자가 이처럼 '상가지구' 소리를 들으면서까지 집념과 애착을 보인 정치 이상은 과연 무엇이었는가? 그것은 바로 성인의 상징인 요순의 도덕정치와 문왕, 무왕의 문물제도였다.

이에 반해 도가는 정치적 이상에 있어 근본적으로 유가와 견해를 달리한다. 성인을 몰아내고 인의를 배격하고 문물과 제도를 타파해야 한다고 보는 것이 도가의 관점인 것이다. 노자가 말한 다음의 내용은 이를 단적으로 반영하고 있다.

"성인을 몰아내고 지혜를 버리면 백성의 이로움이 백 배로 더해지고, 인을 없애고 의를 버리면 백성이 효성과 자애를 회복하며, 기교를 없애고 이익을 버리면 도둑이 없어지게 된다."[1]

위의 《장자》 이야기는 바로 이런 노자의 관점과 맥을 같이하고 있다. 이야기의 서두에서 장자는 좀도둑과 큰도둑을 분류하였다. 큰도둑은 당시에 무력으로 남의 나라를 강탈하던 제후들을 가리킨다. 그리고 성인이란 바로 이런 큰도둑들을 지켜주기 위해 존재하는 비호자 또는 협력자라고 보았다. 장자는 이러한 자신의 논리를 뒷받침하기 위해 당시 전성자의 일을 실례로 들었다.

전성자는 제나라 대부大夫로 제나라의 간공簡公을 죽이고 많은 땅을 차지하였다. 그리고 그의 증손자인 전화田和는 제강공齊康公을 죽이고 제나라를 멸망시켰다. 이들은 임금을 죽이고 제나라를 도둑질하였을 뿐만 아니라 성인의 지혜로 만들어진 문물과 제도도 아울러 도둑질하여 12대 동안이나 제나라를 소유하고 통치했다. 결국 성인의 지혜로 만들어진 법과 제도는 나라의 큰도둑을 지켜주기 위해 존재한 셈이 되었던 것이다.

《장자》에는 독설이 많기로 유명하다. 장자는 어디서나 그리고 누구에게나 면도날처럼 날카로운 비판과 가시 돋친 풍자를 서슴없이 퍼부었다. 하지만 정치적으로 민감한 문제를 이렇듯 직선적으로 표

---

1 《노자》 19장 絶聖棄智 民利百倍 絶仁棄義 民復孝慈 絶巧棄利 盜賊无有

현한 대목은 아마도 흔치 않을 것이다.

우리는 성인의 존재와 성인에 의해서 만들어진 법과 제도의 가치를 근본적으로 부정하는 장자의 논리에 현실적으로 받아들이기 힘든 모순이 많이 내재하고 있음을 잘 알고 있다. 그러나 그의 주장은 단순히 비판을 위한 비판이 아니라 전운이 걷힐 날 없는 타락한 현실을 개탄한 고심苦心에서 나온 것이었다 .이를 감안한다면 장자의 심정이 다소 이해가 된다.

요즈음 우리의 정치 현실에 한번 비추어보자. '남의 집 허리띠 하나 훔친 사람은 처형을 당하고 나라를 도둑질한 사람은 제후가 된다'는 논리를 근거 없는 소리로 매도할 수 있겠는가.

원숭이와 주공의 차이

공자가 위衛나라에 갔을 때 안연이 노나라의 태사太師 사금師金에게 물었다.

"우리 선생님의 이번 걸음이 어떻겠습니까?"

"애석하지만 아마 그대의 선생은 이번에 욕을 보시게 될 것이오."

"왜 그렇습니까?"

"제사에 쓰는 추구*는 제단에 진설하기 전까지 대바구니에 담겨 아름다운 비단보자기에 덮여 있습니다. 제주는 재계하고 나서야 이것을 다룹니다. 그러나 제사가 끝난 뒤에는 길가에 버립니다. 오가는 사람들은 그 머리나 등덜미를 밟고, 풀 베는 아이들은 그것을 주워다 불을 놓습니다. 만일 어떤 사람이 그것을 집어다가 다시 대바구니에 담아 아름다운 비단보자기로 덮어두고, 그 밑에서 놀거나 자거나 한다면 그는 악몽을 꾸거나 자주 가위에 눌릴 것입니다.

그대의 선생도 이와 마찬가지입니다. 선왕先王들이 이미 제사지내고 내버린 추구를 주워다 제자들을 모으고 그 밑에서 놀거나 자거나 하는 격입니다. 때문에 송나라에서는 나무그늘 밑에서 예를 강講하다가 사마 환퇴司馬桓魋로부터 나무가 베이는 위협을 당했고, 위나라에서는 거주를 금지당했으며, 상商과 주周에서는 큰 곤란을 겪었으니, 이것은 추구 때문에 꾼 악몽이 아니겠습니까? 또한 진陳나라와 채蔡나라 사이에서는 포위를 당해 이레 동안이나 끼니를 굶어 거의 죽을 지경에 이르렀으니, 이것은 바로 가위눌림이 아니겠습니까?

물길을 가기 위해서는 배보다 좋은 것이 없고, 육지를 가기 위해서는 수레보다 좋은 것이 없는 법입니다. 배를 육지에서 밀고 가려 한다면 한평생 걸려도 몇 발짝 가지 못할 것입니다. 옛날과 오늘의 시대 차이는 물과 육지의 차이와 다름이 없고, 주나라와 노나라의 차이는 배와 수레의 차이와 다름이 없습니다.

그대의 선생이 주나라의 옛 제도를 오늘의 노나라에서 시행하려고 하는 것은 마치 배를 육지에서 미는 것과 같아서, 애는 쓰나 공은 없고, 또 그 몸에는 반드시 재앙이 따를 것입니다. 그대의 선생은 아직 끝없는 시대의 변화에 적절히 대응할 도리를 모르는 사람입니다.

그대는 저 물 푸는 용두레를 보지 못했습니까? 그것은 당기면 내려가고 놓으면 올라옵니다. 용두레는 사람의 당김을 받을 뿐이지 사람을 당기는 것은 아닙니다. 그러므로 내려가건 올라오건 사람에게 나무람을 받지 않는 것입니다.

저 삼황오제의 예의법도는 그와 꼭 같게 하는 것을 귀중하게 여기는 것이 아니라 오직 잘 다스려 천하를 태평하게 하는 것을 귀중하게 여길 뿐입니다. 삼황오제의 법도는 이를테면 저 아가위, 배, 귤, 유자와 같다고 할 수 있을까요? 그 맛은 제각기 다르지만 어느 것이나 사람의 입맛에는 맞습니다. 예의법도란 것은 이처럼 시대에 따라 변하는 것입니다.

지금 만일 원숭이를 잡아다가 주공의 옷을 입혀놓는다면, 원숭이는 반드시 입으로 물어뜯고 손으로 잡아 찢어 온통 벗어버린 뒤에야 시원해할 것입니다. 옛날과 오늘의 인정이나 풍속이 다름은 원숭이와 주공의 차이와도 같은 것입니다.

서시西施가 심장병이 있어 가슴을 움켜쥐고 눈살을 찌푸렸더니 그 마을의 못난 여자들은 그것을 보고 돌아와 저마다 가슴을 움켜쥐고 눈살을 찌푸리며 마을을 돌아다녔습니다. 그것을 보고 마을의 부자들은 대문을 굳게 닫고 나오지 않았고, 가난한 사람들은 처자를 거느리고 마을을 떠났다고 합니다. 저 못난 여자들은 눈살 찌푸리는 것의 아름다움만 알았지, 어째서 그것이 아름다운지 그 까닭은 몰랐던 것입니다. 애석하지만 그대의 선생은 틀림없이 곤란을 당할 것입니다."

— [장자] 천운

* 추구芻狗 – 재앙을 제거하는 의미로 짚을 엮어 만든 개, 제사 때 한 번 쓰고 버렸음

링컨은 뉴욕 쿠퍼 연구소에서 행한 연설에서 보수주의에 대해 다음과 같이 규정하였다.

"보수주의란 무엇인가! 그것은 새롭고 아직 시험해보지 않은 것에 반대하여, 낡고 이미 알려진 것에만 집착하는 것이 아닌가!"

사람들은 일반적으로 유가사상을 매우 보수주의적인 것으로 알고 있다. 그러나 유가의 근본정신이 현대인이 생각하는 것처럼 그렇

게 보수적 성향이 강한 것만은 아니다.

《주역》의 혁괘革卦에서는 걸과 주를 처단한 탕왕과 무왕의 혁명을 긍정적으로 평가하고 있는데, 이를 통해서도 유가의 진보적인 면을 엿볼 수 있다.

"천지는 개혁을 통해서 사시가 이루어진다. 탕 무의 혁명은 하늘과 인간에 순응한 행위였다. 개혁의 의미는 위대한 것이다."[1]

그렇다면 유가사상이 보수적으로 비쳐지는 이유는 무엇일까?

그것은 유교경전의 가르침 가운데 선왕의 법이나 도에 따를 것을 강조한 내용이 많은 데 기인한다고 여겨진다. 예컨대 《맹자》에는 이런 대목이 나온다.

"《시경》에서는 '행동에 있어 과오나 실수를 범하지 않는 것은 옛 제도를 따르기 때문이다'라고 하였다. 선왕의 법도를 따르는데 과오를 저지르는 경우는 있지 않다."[2]

따라서 개혁의 중요성과 혁명의 가치를 인정하면서도 선왕의 법에 따를 것을 강조하는 유가사상은, 새로운 것을 반대하지는 않지만 낡은 것도 가치가 있다면 성급하게 버리지 않는, 즉 보수주의와 진보주의의 중간자적인 입장을 견지하고 있다고 할 것이다.

이에 반해 도가는 유가와 큰 차이점이 있다. 장자는 유가에서 그토록 절대시하는 선왕의 도를 제사 때 한 번 쓰고 나면 아무짝에도 쓸모없어 내버리는 추구에 비유하고 있다. 도가의 정치사상은 유가

----

1 天地革 而四時成 湯武革命 順乎天 而應乎人 革之時 大矣哉
2 詩云 不愆不忘 率由舊章 遵先王之法而過者 未之有也

에 비하여 훨씬 시대의 변화와 추이에 민감한, 다시 말하면 급진적 진보주의 사상에 가깝다고 말할 수 있겠다.

큰 물고기는 작은 강물에서 놀지 않는다

양주楊朱는 양梁나라 임금에게 천하를 손바닥 위에서 갖고 놀듯이 다스릴 수 있다고 하였다. 이에 양나라 임금이 물었다.

"그대는 한 명의 부인과 한명의 첩도 다스리지 못하고, 삼묘三畝의 채소밭에 김도 매지 못하지 않소? 그러면서 어찌 천하를 손바닥 위에서 가지고 놀듯 다스릴 수 있다고 하는 것이오?"

양주가 대답하였다.

"임금님께서는 양 치는 사람을 보신 일이 있습니까? 백 마리 양이 무리를 이루면 5척尺의 아이가 채찍을 메고 따르더라도 동쪽이든 서쪽이든 마음대로 몰 수가 있습니다. 그러나 한 마리 양은 요임금이 앞에서 끌고 순임금이 채찍을 들고 그 뒤를 따라도 앞으로 나아가게 할 수가 없습니다. 또 제가 듣건대 배를 삼킬 수 있는 물고기는 작은 강물에서 놀지 않고, 하늘 높이 나는 기러기는 더러운 못에 내려앉지 않는다 합니다. 그들이 지향하는 바는 크고 높기 때문입니다. 황종黃鐘과 태려太呂의 음은 빠르게 움직이는 춤에 맞출 수가 없습니다. 왜냐하면 그 음이 무겁기 때문입니다. 큰 것을 다스릴 사람은 사소한 것을 다스리지 않는 법이며, 큰 공을 이룰 사람은 사소한 공을 이루지 않는다는 말은 바로 이를 두고 한 말입니다."

— [열자] 양주

이 이야기는 두 가지 의미로 요약될 수 있다. 첫째, 천하를 다스리기가 가정을 다스리기보다 쉽다는 것과, 둘째, 큰일을 할 사람은 사소한 일에는 집착하지 않는다는 것이다.

양주는 적절한 비유를 통해 자신의 논리를 뒷받침함으로써 나름대로의 설득력을 갖추고 있다. 그러나 그는 논리적인 허점을 보이고 있다. 천하를 그처럼 쉽게 다스릴 수 있는 방법론이 결여되어 있는 것이다.

'국민의, 국민에 의한, 국민을 위한 정치', 이 말은 1863년 링컨의 게티스버그 연설 이후 민주주의의 지침이 되어왔다.

독일의 비스마르크는 군비확장 문제로 왕과 의회가 충돌하여 의회가 헌법투쟁을 벌이자, 1862년 9월 30일 총리 겸 외상 자격으로 의회에 나가 다음과 같이 말했다.

"오늘날 큰 문제는 다수결로는 도저히 해결되지 않는다. 그것은 오로지 철鐵과 혈血로써만 해결된다."

링컨과 비스마르크는 민주주의자와 독재자의 통치철학이 어떻게 다른지 분명하게 보여주고 있다. 모든 정치는 민주적이든 독재적이든 반드시 그 나름의 통치이념과 철학을 바탕으로 이루어지기 마련이다. 그런데 양주의 답변 가운데는 어떤 통치방법으로 천하를 다스린다는 것인지 통치이념이 제시되어 있지 않다.

《노자》에도 정치하는 것을 아주 쉽게 말한 대목이 있다.

"큰 나라를 다스리는 것은 마치 조그마한 생선을 요리하는 것과 같다."[1]

이 말에도 역시 구체적인 방법론은 생략되어 있다.

맹자는 제자 공손추와 대화하는 자리에서 다음과 같이 말했다.

"제나라에서 정권을 잡게 되면 천하에 왕업을 이루는 것이 손바닥 뒤집기와 같아진다."[2]

공손추가 맹자에게 너무 쉽게 말하는 것이 아닌지 의문을 제기하자 맹자는 그 대안으로 인정仁政을 제시했다. 맹자가 정치 철학으로 표방한 인정이란, 등나라 문공文公이 진지하게 치국의 방법론을 질문했을 때 답해주었던 '정전井田, 세록世祿, 상서학교庠序學校' 세 가지로 요약될 수 있다.

'정전'은 토지를 균등하게 분배하여 농민의 경제생활을 안정시키기 위한 제도이고, '세록'은 국가에 공로가 있는 관료들에게 대대로 녹을 주어 관료의 경제생활을 안정시키기 위한 제도이며, '상서학교'는 경제적으로 안정된 관료와 농민들에게 윤리정신을 심어주기 위한 도덕교육제도이다.

....

1 治大國 若烹小鮮
2 以齊王 由反手也

이를 통해 보면 정치의 논리에 있어서 도가는 유가에 크게 뒤진다고 할 수 있다. 각 사상의 특징과 차이를 알고 이를 잘 조화시키는 것은 오늘날 우리들이 해야 할 일일 것이다.

고대의 어느 학자는 유, 불, 도 삼교의 특징에 대해 다음과 같이 묘사하였다.

"유교로 세상을 다스리고 불교로 마음을 다스리며 도교로 몸을 다스린다."[3]

---

3 儒以治世 佛以治心 道以治身

도란 무엇인가

나는 그것의 이름을 알지 못한다

혼연히 이루어진 하나의 존재가 있으니 하늘과 땅보다도 앞서 생겼
다. 그것은 소리도 형체도 없다.

만물 위에 우뚝 서서 영구히 변하지 않고, 우주의 가운데 운행하여
영원히 정지하지 않으니, 천지만물의 어머니라고 할 수 있다.

그러나 나는 그것의 이름은 알지 못한다.

자字를 붙여 도道라 하고 억지로 표현하여 대大라고 한다.

— [노자] 25장

동양의 전통사회에서는 사람의 호칭에 대해 명名, 자字, 호號, 시호謚
號의 구분을 두었다.

'명'은 어렸을 때 부모가 지어주는 것이고, '자'는 성년이 되면 아

명을 대신해 부르는 것이며, 호는 중년이 되면 스스로 짓거나 스승으로부터 하사받거나 또는 추종하는 제자들에 의해 붙여지는 것으로 자를 대신하는 것이고, 시호는 죽은 뒤에 그가 평생에 이룬 학문과 업적을 고려해 나라에서 내려주는 것이다.

노자는 바로 여기에서 착안하여 우주만물을 생성 발전시키는 궁극적 모체의 본래 이름은 알 수 없지만, 굳이 자를 붙인다면 '도'라고 할 수 있다고 표현의 묘를 살리고 있다.

《중용》에는 도에 대해 다음과 같은 언급이 보인다.

"세상에 공통되는 도가 다섯 가지 있고, 그것을 행하는 덕이 세 가지 있다. 임금과 신하, 아버지와 아들, 남편과 아내, 형과 아우, 친구간의 교제, 이 다섯 가지는 세상에 공통되는 도이고 지혜, 사랑, 용기, 이 세 가지는 세상에 공통되는 덕이다."[1]

이처럼 유가에서 일상적으로 말하는 도, 즉 공맹의 도는 오륜五倫의 도를 중심으로 한 인도人道, 인도仁道, 왕도王道와 같은 현실세계의 도를 말한다. 그러나 도가에서 말하는 도는 이와는 관점이 크게 다르다.

《도덕경》의 첫머리에서 노자는 '말할 수 있는 도는 영원한 도가 아니며, 이름 붙일 수 있는 이름은 영원한 이름이 아니다(道可道 非常道 名可名 非常名)'라고 하였고, 《장자》 칙양則陽편에는 '도란 있다고 할 수도 없다고 할 수도 없는 것으로, 도라는 이름 자체도 편의상 붙여 부르는 데 지나지 않는다'고 하였다.

....

1 天下之達道五 所以行之者三 曰君臣也 父子也 夫婦也 昆弟也 朋友之交也 五者 天下之達道也 知仁勇 三者 天下之達德也

이와 같이 도가에서는 언제나 우주자연의 도와 도의 본체를 논의와 언급의 대상으로 삼는다.

위에서 노자는 우주자연의 도가 그 본질에서 언어의 영역을 초월하는 것이기에 그것의 이름을 알 수가 없다고 했다. 그러나 꼭 표현해야 한다면 만물이 다 이 길을 경유하지 않을 수 없다는 뜻에서 '길', 곧 '도'라 할 수 있고, 꼭 이름을 붙여야 한다면 만물이 그 속에 내재한다는 의미에서 '큰 것', 곧 '대'라고 부를 수 있다고 하였다.

이것은 '도'니 '대'니 하는 것이 결국 신발의 발자국과 같은 것일 뿐이지 결코 신발은 될 수 없다는 이야기이다. 바꾸어 말하면 이러한 명칭들은 도를 표현하기 위해 붙여진 하나의 대명사, 곧 그 근사치일 뿐이지 지극한 도의 실체 그 자체는 아니라는 것이다. 조선조의 서산대사는 그의 저서 《선가귀감禪家龜鑑》의 첫머리에서 다음과 같이 말하였다.

"여기에 한 물건이 있는데 본래부터 한 없이 밝고 신령스러워 일찍이 생겨난 일도 사라진 일도 없었다. 무어라 이름지을 길 없고 어떻게 모양을 그릴 수도 없다."[2]

여기서 '한 물건'이란 도를 가리킨다. 도의 세계는 이름지을 수도 모양을 그릴 수도 없다는 것은 역시 위와 같은 맥락에서 이해할 수 있는 내용이다.

도가의 시조격인 노자의 경지라면 '도는 이러이러한 것이라고 속 시원하게 이야기해 주어야 옳지 않은가'라고 생각할 사람도 있을 것

---

2 有一物於此 從本以來 昭昭靈靈 不曾生 不曾滅 名不得 狀不得

이다. 이름도 모르고 성도 모른다는, 뜬구름 잡는 식으로 이야기를 해놓았으니 듣는 사람에 따라서는 말장난처럼 느껴지기도 할 것이다. 그러나 마음을 가다듬고 조용히 생각해보면, 도라는 이름이 도 그 자체는 아니라는 말 속에 노자 철학의 정수가 담겨 있음을 발견할 수 있다.

유교의 핵심은 인에 있고, 불교의 핵심은 열반에 있으며, 도교의 핵심은 도에 있다. 또한 기독교에서는 여호와를 최고신으로 믿고, 이슬람교에서는 알라를 유일신으로 숭배한다. 그러나 인과 열반, 도, 또 여호와와 알라는 진리나 신을 지칭하는 하나의 대명사일 뿐이지 그 자체가 바로 진리나 신은 아니다.

마음에는 한 점의 깨달음도 없이 인, 열반, 도 혹은 여호와, 알라라는 이름만을 입으로 떠드는 사람이 많다. 명칭에 사로잡혀 그것이 마치 최고의 진리나 신 그 자체라도 되는 양 생각한다. 개념을 실체로 오인하는 사람들은 이름과 실체를 구분하고 궁극적 실체와 그에 대한 체험을 강조하는 동양사상의 지혜를 배워야 할 것이다.

도는 말로써 얻을 수 없다

지知가 어느 때 북쪽 현수玄水 가에서 놀다가 은분隱玢의 언덕에 올랐다.

마침 무위위無爲謂를 만나자 그에게 말했다.

"너에게 물을 일이 있다. 무엇을 생각하고 무엇을 헤아리면 도를 알수 있는가? 어떻게 처신하고 어떻게 행동하면 도에 편안히 머물 수 있는가? 어떤 길을 따르고 어떤 방법을 사용하면 도를 얻을 수가 있는가?"

지가 이렇게 세 번이나 물었으나 무위위는 답하지 않았다. 실은 그는 답을 할 줄을 몰랐다.

그래서 지는 더 이상 묻지 못하고 백수白水의 남쪽으로 돌아와 호결狐闋의 언덕에 올랐다. 그때 광굴狂屈에게 다시 물었다. 그러자 광굴이 말했다.

"그래, 내가 그것을 알고 있으니 너에게 말해주리라."

그러나 광굴은 말을 꺼내다가 그만 도중에 하고자 했던 말을 잊어버리고 말았다.

지는 더 이상 묻지 못하고 제궁帝宮에 돌아왔다. 그는 황제黃帝를 만나보고 또다시 같은 질문을 하였다. 황제가 대답하였다.

"생각함도 헤아림도 없어야만 비로소 도를 알게 된다. 처신하는 것도 행위하는 것도 없어야만 비로소 도에 편안히 지내게 된다. 따르는 길도 사용하는 방법도 없어야만 비로소 도를 얻게 된다."

지가 황제에게 물었다.

"나와 당신은 도를 알고, 무위위와 광굴은 도를 알지 못한다. 어느 쪽이 옳은 것인가?"

황제가 말했다.

"저 무위위는 참으로 옳고, 광굴은 근사하다. 그러나 나와 자네는 아직 멀었다. 참으로 아는 사람은 말하지 않고, 말하는 사람은 알지 못하는 것이다. 때문에 성인은 말없는 가르침을 행하는 것이다. 도는 말로써 얻을 수 없는 것이요, 덕은 자취로써 구해지는 것이 아니다."

— [장자] 지북유

지가 무위위에게 도가 무엇인지 세 번이나 반복해 물어도 무위위는 대답할 줄을 몰랐다. 광굴은 말을 하다가 도중에 말을 잊어 버렸다. 이에 비해 황제는 도가 이러이러한 것이라고 친절하게 설명해주었다.

세속적인 기준으로 판단한다면 황제는 도를 아는 사람이고, 광굴은 도를 제대로 모르는 사람이며, 무위위는 도를 전혀 모르는 사람이 될 것이다. 그러나 황제는 무위위야말로 도를 아는 사람이고, 광굴은 도에 가까이 가 있는 사람이며, 지와 자신은 도를 모르는 사람이라고 하였다.

위의 네 사람은 실존인물들이 아니라 모두 우화적으로 붙인 이름들이다. 지는 인지人知 또는 지식을 뜻하고, 무위위는 지자知者는 말하지 않음을, 광굴은 자유롭고 무심하여 분별지分別知를 잊음을, 황제는 그 이름의 황黃이 중앙을 말하는 것으로서 몸 가운데 있는 마음을 뜻한다고 하겠다.

근세의 위대한 물리학자 하이젠베르크는 언어가 갖는 한계성에 대하여 다음과 같이 지적했다.

"우리는 원자의 구조에 관하여 어떤 방식으로든 말하려고 하지만 일상언어로는 아무래도 이야기할 수 없다."

《우파니샤드》는 궁극적 실체에 대하여 이렇게 기술하고 있다.

"거기엔 눈이 미치지 못하고 말이 미치지 못하고 마음이 도달하지 못한다. 우리가 알지도 이해하지도 못하는 그것을 누가 어찌 가르칠 수 있으랴."

우주의 궁극적 실체가 언어로써 전달될 수 없다는 것은 불교, 그 중에서도 특히 체험을 중시하는 선종불교의 본질을 이루고 있다. 아마도 다음의 세 일화는 이를 확인하는 적절한 예가 될 것이다.

옛 중국의 부대사(傅大士, 497~569)는 인도의 유마거사維摩居士와 같은 존재였다. 그는 낮에는 품을 팔고 밤에는 아내 묘광妙光과 함께 설법을 하였는데 많은 명사들이 그의 설법을 들으러 모여들곤 했다.

어느 날 양梁나라 무제武帝가 부대사를 초청하였다. 그러나 부대

사는 법상에 올라가 법상을 한 번 꽝 치고는 곧 내려와버렸다.

무제는 깜짝 놀랐다. 그때 지공 선사가 물었다.

"폐하께서는 잘 들으셨습니까?"

무제가 도무지 무슨 뜻인지 모르겠다며 어리둥절해하자 지공 선사가 말했다.

"오늘 제일 큰 법문을 하였습니다."

두번째 일화는 한국 근세의 이름난 선객 허주 선사(虛舟禪師, 1806~1888)에 얽힌 이야기이다.

어느 날 신도 수백 명이 화계사에 모여서 허주 선사에게 설법을 청했다. 그러자 선사는 법상에 올라가 한 시간이나 말없이 앉아 있다가 그냥 내려왔다. 뒤에 어느 신도가 그 이유를 물어보았다.

"내가 말하려는 자리는 언어도 끊어지고 생각도 끊어진 곳이니 무슨 말을 하겠는가?"

세번째 일화는 방한암(方漢巖, 1876~1951) 스님의 이야기이다.

방한암 스님은 경허 스님의 제자로 오대산 상원사에 머물다가 세수 76세, 법랍 54세로 입적하였다.

어느 날 일본의 사토 스님이 선사를 찾아와 물었다.

"어떤 것이 불법의 큰 뜻입니까?"

선사는 곁에 놓여 있던 안경집을 말없이 들어 올렸다. 다시 사토 스님이 물었다.

"스님은 여러 경전과 조사의 어록을 보아오는 가운데 어느 대목에서 가장 깊은 감명을 받았습니까?"

선사는 사토 스님의 얼굴을 쳐다보며 말했다.

"적멸보궁에 참배나 다녀오시오."

다시 사토 스님이 물었다.

"스님께서는 젊어서부터 지금까지 수도하셨는데 만년과 초년의 경계가 같습니까, 다릅니까?"

"모르겠소."

그러자 사토 스님은 일어나 큰 절을 하면서 말했다.

"활구活句의 법문을 주셔서 대단히 감사합니다."

말이 채 끝나기도 전에 스님이 말했다.

"활구라 해버렸으니 이미 사구死句가 되고 말았소."

이러한 불교의 무언無言의 설법과 활구 법문의 경지는, 도가 무엇인지 세 번이나 물어도 대답할 줄 모르는 무위위를 참으로 도를 아는 사람이라 여기는 도가의 관점과 맥을 같이하고 있다.

《논어》에 보면 공자가 제자 자공과 나눈 대화 중에 이런 것이 있다.

공자가 말하였다.

"나는 말을 하지 않으려 하노라."[1]

자공이 말하였다.

"선생님께서 말씀을 하지 않으신다면 저희들이 어떻게 선생님의 도를 전할 수가 있겠습니까?"

"하늘이 무슨 말을 하는가? 그래도 사시四時는 운행하고 만물은 생성하나니, 하늘이 무슨 말을 하던가?"

동양사상에서는 왜 이처럼 도를 말이 필요치 않고 말로 표현할

---

1 子欲無言

수 없는 것이라고 여기는 것일까? 이에 대한 해답을 얻기 위해서 우선 다음의 한 예를 살펴보도록 하자.

고체는 저마다 모양과 크기가 있다. 쇠붙이, 돌, 나무같이 형체가 있는 모든 물체가 이에 속한다.

액체는 일정한 형태가 없어 긴 병에 넣을 수도 있고 넓적한 유리잔에 담을 수도 있다. 물, 우유, 잉크, 휘발유 등은 우리가 흔히 볼 수 있는 액체이다.

기체는 일정한 모양이나 크기가 없을 뿐만 아니라 거의가 눈에 보이지 않는다. 그러나 우리는 공기를 볼 수는 없어도 느낄 수는 있다. 차가운 기운과 더운 기운의 느낌을 구별할 수 있으며, 또 한 구름이 흘러가고 나뭇잎이 살랑거리는 모양을 통해 그 움직임도 알 수 있다.

기의 세계는 일정한 모양이나 크기는 없지만 소리와 냄새, 빛깔이 있다. 곧 형체는 없지만 형상의 흔적은 있는 것이다.

그러나 도의 세계는 일정한 모양이나 크기가 없을 뿐만 아니라 소리도 냄새도 빛깔도 없다. 따라서 도의 세계는 말로는 설명이 불가능한 것이다.

도란 무엇인가? 기체가 액체가 되고, 액체가 고체가 되었다가, 다시 고체가 액체로 변하고, 액체가 기체로 변하는 원리 같은 것이다. 이 원리를 하늘에 두고 말하면 천도天道요, 땅에 두고 말하면 지도地道요, 사람에 두고 말하면 인도人道가 된다.

고체와 액체가 물질의 세계요, 기체가 기의 세계라면, 도는 그 원리가 되는 본체의 세계이다. 동양적 세계관에서는 물질의 세계 한 단계 위에 기의 세계가 있고, 그 한 단계 위에 다시 도의 세계가 있다고 본다.

봄이 오면 꽃이 피고 새가 운다. 꽃과 새는 물질의 세계요, 봄은 기의 세계이며, 봄이 와서 꽃이 피고 새가 우는 그 원리가 도의 세계이다. 꽃의 향기와 아름다움을 눈으로 보고 코로 냄새맡고 입과 붓으로 찬미할 수는 있으나, 꽃이 아름답게 피고 향기를 내는 원리를 말로 설명할 수 있겠는가? 때문에 동양사상에서 도는 말로 표현할 수 없다고 하는 것이다.

"말로써 이야기할 수 있는 것은 사물의 거친 부분이요, 생각으로만 헤아릴 수 있는 것은 사물의 정밀한 부분이다. 그러나 말로도 이야기할 수 없고 생각으로도 헤아릴 수 없는 것은, 이미 정밀한 것과 거친 것을 떠난 것이다."[2]

《장자》 추수편에 보이는 말이다.

도는 세상의 일체 존재를 일체 존재로 존재하게 하는 근원으로 언어와 인식의 범주에서 벗어나 있다. 이것이 동양사상, 특히 불가와 도가에서 도를 보는 관점이다.

---

2 可以言論者 物之粗也 可以意致者 物之精也 言之所不能論 意之所不能致察者 不期精
   粗焉

도는 묻고 답할 수 없다

태청泰淸이 무궁無窮에게 물었다.

"자네는 도를 아는가?"

"모르네."

태청이 다시 무위無爲에게 물었다.

"자네는 도를 아는가?"

무위가 대답하였다.

"알고 있네."

"도를 안다니, 그러면 도에는 일정한 특성이 있는가?"

"있지."

"그 특성은 어떤 것인가?"

"도는 고귀한 것으로는 제왕이 될 수도 있고 천한 것으로는 노예가 될 수도 있으며, 모여서 생명이 될 수도, 흩어져서 죽음이 될 수도 있네. 내가 도의 특성을 안다 함은 바로 이것이네."

태청은 이 말을 듣고 무시無始에게 물었다.

"무궁의 모른다 하는 것과 무위의 안다 하는 것은 어느 것이 옳고 어느 것이 그른가?"

무시가 대답했다.

"모른다는 것은 깊고, 안다는 것은 얕은 것이네. 모른다는 것은 안이요, 안다는 것은 바깥이네."

이 말을 듣고 태청은 탄식하며 말했다.

"모르는 것이 아는 것이요, 아는 것이 모르는 것이란 말인가? 누가 이 모르는 것이 아는 것인 줄을 알겠는가?"

무시가 말하였다.

"도는 들을 수 없는 것이네. 듣는다면 그것은 도가 아니지. 도는 볼 수 없는 것이네. 본다면 그것은 도가 아니지. 도는 말할 수 없는 것이네. 말한다면 그것은 도가 아니지. 자네는 도가 모든 형상을 형상으로 만들면서 스스로는 형상이 아닌 줄을 아는가? 도는 진정 이름 붙여 말할 수 없는 것이네."

무시는 다시 말을 이었다.

"도에 대한 질문을 받고 그 질문에 대답하는 사람은 도를 모르는 사람이요, 묻는 사람 또한 도를 알지 못하는 것이네. 도는 물을 수도 없는 것이요, 물어도 대답할 수가 없네. 물을 수가 없는데 물으면 헛된 질문이 되는 것이요, 대답할 수가 없는데 대답하면 내용이 없는 답변이 되는 것이라네. 내용이 없는 답변으로 헛된 질문을 기다린다면, 그런 사람은 밖으로는 우주를 관찰할 수 없고, 안으로는 태초太初를 알 수 없네. 따라서 높은 경지에 오르지 못할 것이요, 현묘한 세계에서 놀지 못할 것이네."

— [장자] 지북유

연암 박지원은 '자신이 남과 같지 못함을 부끄러워하여 자기보다 나은 사람에게 묻지 않는다면, 이것은 종신토록 고루하고 무식한 경지에다 자신을 가두어두는 것이다'라고 하였다.

그러나 자기보다 나은 사람이라고 해서 모든 문제에 다 해답을 줄 수 있는 것은 아니며, 또 모든 문제가 다 대답할 가치가 있는 것도 아니다. 특히 어떤 사물의 본질에 있어서는 질문하고 대답한다는 것 자체가 지각없는 짓이 되는 수가 종종 있다.

그래서 아마도 노자는 '아무것도 모른다는 것을 아는 것이 최상이다(知不知上也)'라고 했고, 공자는 '아는 것을 안다고 하고 모르는 것을 모른다고 하는 것, 이것이 아는 것이다(知之爲知之 不知爲不知 是知也)'라고 했으며, 소크라테스는 '나는 아무것도 모른다는 것을 안다'고 했을 것이다.

위의 이야기는 우주만물의 궁극적 실체인 도는 언어와 지식의 영역을 초월하여 존재하는 것으로 문답의 대상이 되지 않으며, 아는 것이 모르는 것이고, 모르는 것이 아는 것임을 일깨워 주고 있다. 또한 태청, 무궁, 무위, 무시는 실제 인물이 아니라 '도'를 의인화하여 붙인 이름들로 보인다.

도는 물을 수도 대답할 수도 없다는 것은 특히 불교 선사들의 표현 가운데 많이 보인다. 종심 선사從諗禪師의 이야기는 아주 적절한 예가 될 듯하다.

종심 선사는 조주 선사趙州禪師로 더 잘 알려져 있는 인물로 조주 관음원觀音院에 살았기 때문에 붙은 이름이다. 조주 선사의 선풍禪風

은 자유자재하여 선가에서 그 명성이 대단히 높았다.

하루는 어떤 스님이 조주 선사를 찾아와 물었다.

"조사께서 서쪽에서 온 뜻이 무엇입니까?"[1]

조사란 달마達磨대사를 가리키는 것으로, 중국에 온 근본의도가 무엇인지 물은 것이다.

조주 선사가 대답하였다.

"뜰 앞의 잣나무이니라."[2]

동문서답 같은 답변이었다.

조주 선사는 어째서 달마 조사가 중국에 도를 펴기 위해 왔다든가. 법을 전하기 위해 왔다고 말하지 않고, '뜰 앞의 잣나무'라는 엉뚱한 소리를 하였던 것일까?

그것은 어떤 미사여구를 동원하고 함축적인 용어를 구사한다 해도 달마 조사가 서쪽에서 온 까닭을 한마디로 대답할 수는 없는 일이기 때문이다. 한마디로 답할 수 없는데 답을 한다면 그것은 어차피 부실하고 불완전한 답일 뿐이다. 그래서 조주 선사는 답 아닌 답을 하였던 것이다. 물을 것도 없고 물을 수도 없는데 묻고, 답할 것도 없고 답할 수도 없는데 답한다는 것을 '뜰 앞의 잣나무'라는 엉뚱한 대답을 통해서 상징적으로 보여줬던 것이다.

---

1   如何是祖師西來意
2   庭前栢樹子

나는 도가 누구의 아들인지 모른다

도의 본체는 텅 빈 그릇과 같다. 하지만 그 작용은 다함이 없다.

도는 연못과 같이 깊어서 온갖 물건이 다 흘러나오는 만물의 근원이다.

도는 만물을 포괄하고 만물은 도를 내포한다. 그러므로 도는 만물을 넘어서는 한편 또 만물 안에 있다.

도의 작용은 날카로움을 드러내지 않고, 얽힌 것을 풀고, 빛을 조화시키고, 티끌 있는 세속에 같이 있다.

도의 모습은 감춰져 형상이 없지만, 한편으로 우주 만유를 창조하니 실재하는 듯하다.

나는 도가 누구의 아들인지 모른다. 아마도 도는 하느님보다도 이전에 존재하였던 듯하다.

— [노자] 4장

종교와 사상에서 말하는 창조론이 어떠한가 잠시 살펴보면 다음과 같다.

기독교에서는 하느님을 전지전능한 분, 곧 창조주로 여긴다.

《신약성서》 요한계시록에 보면 '하느님은 이제도 있고 전에도 있었고 앞으로도 올 전능한 자이며 알파와 오메가이다'라고 하였다.

힌두교에서는 브라만을 창조의 신으로 모시는데 힌두교도는 브라만을, 만물을 창조하고 지배하는 창조와 지배의 근원으로 생각한다.

유교에서는 하늘이나 또는 천지를 천하만물을 창조한 모체로 여긴다고 할 수 있는데, 다음의 구절들이 이를 말해준다.

"하늘과 땅이 감응하여 만물이 화생한다."[1]

"하늘이 만백성을 낳았다."[2]

"하늘이 아래의 백성을 내려주었다."[3]

그러나 도가에서는 도를 '하느님'이나 '하늘'보다 먼저 존재하여 만물을 창조하는 우주의 근본원리로 생각한다. 도가는 두만강이나 송화강의 원류를 거슬러 올라가면 백두산 꼭대기의 천지에 도달하는 것처럼, 세상만물의 근원은 모두 도에서 나오고 도 안에 있는 것으로서, 도야말로 우주의 배후와 내부에 있는 창조력이며 우주만물의 근원이요, 생성원리라고 믿는 것이다.

....

1 《주역》 天地感而 萬物化生
2 《시경》 天生蒸民
3 《맹자》 天降下民

'아톰atom'은 원래 고대그리스어로서 '더 이상 쪼개지지 않는 것'이라는 뜻이다. 모든 물질을 구성하는 기본적인 요소인 '원자'를 가리키는 말이다. 고대 그리스의 철학자 데모크리토스는 '만물은 무엇이든지 이 아톰이 상하로 운동하면서 서로 결합하여 여러 가지 형태로 구성되고 또 변화하는 것'이라고 하였다.

　노자가 말하는 '도'를 굳이 비유한다면 바로 이 '아톰'에 해당한다. 이것은 세상의 어떤 창조설화보다 만물의 생성원리 혹은 구성원리를 가장 훌륭하게 과학적으로 정의한 것이라 할 수 있다.

　《장자》 대종사편에는 다음과 같은 내용이 나온다.

　"무릇 도는 진실로 존재하지만 작위도 없고 형상도 없다.(…) 도는 스스로 근본이 되어 천지가 형성되기 이전부터 본래 존재하여 귀신과 상제上帝를 신령케 했으며 하늘과 땅도 만들었다. 도는 태극보다도 위에 있지만 스스로 높은 데 머물지 않고, 천지사방보다 아래에 있으나 깊은 데 처하지 않는다. 천지보다 먼저이지만 오래라고 여기지 않고, 상고보다 옛날이나 늙었다고 하지 않는다."[4]

　도를 우주만물의 근원으로 믿는 도가적 관점을 매우 잘 밝혀주는 구절이다.

4　夫道有情有信 無爲無形(…) 自本自根 未有天地 自古以固存 神鬼神帝 生天生地 在太極之先 而不爲高 在六極之下 而不爲深 先天地生 而不爲久 長於上古 而不爲老

도는 보아도 보이지 않는다

도는 색깔이 없으므로 보아도 보이지 않는다. 도는 소리가 없으므로 들어도 들리지 않는다. 도는 모습이 없으므로 만져도 만져지지 않는다.

도는 보아도 보이지 않고, 들어도 들리지 않고, 만져도 만져지지 않아 그 형상을 궁구할 길이 없다. 그러므로 뭉뚱그려 하나의 도라고 한다.

도는 위로는 밝지도 않고 아래로는 어둡지도 않아, 심원하여 형용할 길이 없다. 결국은 다시 아무런 형체가 없는 상태로 돌아간다.

이런 것을 모습이 없는 모습이라 하고, 물체가 없는 형상이라 한다. 또한 이를 일컬어 황홀하다고 한다. 앞에서 그것을 맞으려고 하면 그 머리가 보이지 않고, 뒤에서 그것을 따르려고 하면 또 그 꼬리가 보이지 않는다. 태초부터 있어온 도를 파악하면 지금 있는 사물을 주도해 나갈 수 있다. 예로부터 있어온 근원이 되는 도가 무엇인지 아는 것을 '도의 규율(法則)을 아는 것'이라고 한다.

— [노자] 14장

노자는 보아도 보이지 않고 들어도 들리지 않고 만져도 만져지지 않는 근원적 진리인 도는 감각이나 인식의 대상이 될 수가 없다고 말하고 있다. 우주의 궁극적 실체는 언어나 개념을 초월해 있는 것으로, 인식으로 도달할 수 없다는 것이 동양사상의 공통된 견해이다.

《우파니샤드》에는 '소리도 없고, 감촉도 없고, 시작도 없고, 끝도 없고, 위대한 것보다 더욱 높고, 영속하는 그것을 깨달음으로써 사람은 죽음의 아가리로부터 해방되나니'라고 씌어 있다.

《주역》에는 '형이상인 것을 도라 하고 형이하인 것을 기라한다(形而上者謂之道 形而下者謂之器)'고 하였다.

《열반무명론涅槃無名論》에는 '열반의 이름을 도라 하는데, 도는 고요하고 텅 비어 형체나 이름으로써 얻을 수 없고 미묘하고 모양이 없어 감각으로써 알 수가 없다'고 하였다.

도에 대한 이해를 돕기 위해 조금 더 알기 쉬운 설명을 덧붙여 보자.

우리는 구수한 냄새, 달콤한 맛, 보드라운 감촉, 아름다운 생김새, 이런 것들을 무엇으로 알 수 있는가? 바로 뇌의 작용을 통해 알 수 있다. 뇌가 이런 일을 하려면 눈, 귀, 코, 혀, 살갗의 도움이 필요한데, 이러한 감각기관들은 실같이 가느다란 신경을 거쳐 뇌로 소식을 보낸다.

가령 여기에 사과가 한 개 있다고 하면, 눈은 먹음직한 붉은 빛깔을 보고, 코는 향기로운 냄새를 맡는다. 이러한 감각이 뇌로 보내지면 우리는 이 사과가 먹는 것임을 알게 된다. 또 사과를 한입 베어

입에 넣으면, 혀는 사과맛을 느끼고, 입안의 살갗은 이와 혀 사이로 흘러드는 사과즙을 느끼며, 귀는 사과를 씹을 때 나는 소리를 뇌에 보낸다.

그러나 이와 같이 뇌가 맛보기, 만지기, 듣기, 보기 같은 일들을 하는 것은, 소리와 빛깔, 냄새와 모양이 있을 때에만 가능하다.

아무리 좋은 두뇌를 가졌다 하더라도 인간이 인식하고 파악할 수 있는 것은 모습 있는 모습과 물체 있는 형상에 그치기 마련이다. 형이상적인 도의 세계에는 도달할 수가 없다. 도는 색깔도 냄새도 소리도 모양도 없으며, 인간의 감각이나 지각의 작용을 초월해서 존재하는 것이다.

도의 본체는 구체적인 형상이 있는 것이 아니다. 그러나 그것은 모습 없는 모습, 물체 없는 형상으로 만물을 생성 발전시키는 원동력이 되어 왔다. 도는 그와 같이 어제도 존재했고, 오늘도 존재하며, 또 내일도 변함없이 존재할 것이다.

도는 깨달음이 없으면 머물지 않는다

공자는 나이 쉰한 살이 되었어도 도를 깨닫지 못해, 남쪽으로 패沛
땅에 가서 노자를 찾아보았다.

"잘 오셨소. 내 들으니 그대는 북방의 현자라고 하던데 도를 깨달
았겠지요?"

공자가 대답했다.

"아직 깨닫지 못했습니다."

"그대는 어떤 방법으로 도를 구했소?"

"처음에는 예의법도에서 도를 구했는데 다섯 해나 걸렸어도 얻지
못했습니다."

"그러면 다음에는 어떤 방법으로 구했소?"

"그 다음에는 음양陰陽에서 구하기를 열두 해나 했지만 역시 얻지
못했습니다."

노자가 말했다.

"그럴 것이오. 만일 도란 것이 물건처럼 윗사람에게 바칠 수 있는

것이라면 신하로서 그 임금에게 바치지 않을 사람이 없을 것이요, 또 윗어른에게 드릴 수 있는 것이라면 아들로서 그 어버이에게 드리지 않을 사람이 없을 것이며, 남에게 일러줄 수 있는 것이라면 그 형이나 아우에게 일러주지 않을 사람이 없을 것이요, 또한 남에게 전해줄 수 있는 것이라면 그 자손들에게 전해주지 않을 사람이 없을 것이오. 그런데 그렇게 되지 않는 까닭은 다름이 아니오. 도는 마음에 깨달음이 없으면 머물지 않고, 몸이 바르지 않으면 행할 수가 없기 때문인 것이오."

— [장자] 천운

장자는 노자와 공자를 등장시켜, 도는 음식이나 의복과 달라서 아무리 사랑하고 존경하는 사이라고 하더라도 주고받을 수 없다는 것을 곡진하게 묘사하고 있다.

세상의 모든 물건은 다 주고받을 수가 있는데 왜 도는 주고받을 수가 없는 것일까? 《장자》 대종사편에서는 그 이유를 이렇게 설명한다.

"무릇 도란 진실로 있으면서도 하는 것도 없고 형체도 없다. 마음에서 마음으로 전할 수는 있으나 손으로 주고받을 수는 없고, 마음으로 체득할 수는 있으나 눈으로 볼 수는 없다."

마음에서 마음으로 전하는 것을 '이심전심'이라고 한다. 불교의 《전등록傳燈錄》에는 '부처님이 돌아가신 후 가섭에게 도를 전하였는데, 마음으로써 마음에 전하였다(佛滅後 付法於迦葉 以心傳心)'고 했다. 또 《육조단경六祖壇經》에서는 '도는 마음으로써 마음에 전하니 다 스스로 깨닫게 하고 스스로 알게 하는 것이다(法則以心傳心 皆令自悟自解)'라고 하였다.

요임금은 순에게 도를 전하면서 이렇게 말했다.

"진실로 그 중을 지켜라."[1]

그리고 순임금은 우에게 도를 전하면서 또 이렇게 말했다.

"인심은 위태롭고 도심은 미미하니 오직 정밀하게 하고 한결같이 하여야 진실로 그 중을 지킬 수 있다."[2]

공자는 증자에게 이러한 말로 도를 전하였다.

"나의 도는 하나(仁)로 관통되어 있다."[3]

도가 만일 손으로 주고받을 수 있는 것이라면 요임금은 순이 아니라 아들 단주丹朱에게 전했을 것이고, 순임금은 우가 아니라 아들 상균商均에게 전했을 것이며, 공자는 증자가 아니라 그 아들 백어에게 전했을 것이다.

도는 마음의 세계이다. 마음의 눈을 가진 사람이 아니면 도는 보아도 보이지 않고 들어도 들리지 않는다. 소리 없는 소리를 들을 수 있고 모양 없는 모양을 볼 수 있는 사람만이 도의 세계에 도달할 수 있는 것이다.

....

1 允執厥中
2 人心惟危 道心惟微 惟精惟一 允執厥中
3 吾道一以貫之

도는 어디에 있는가

동곽자*가 장자에게 물었다.

"도는 어디에 있는가?"

"도는 존재하지 않는 곳이 없다."

"도가 있는 곳을 확실히 지정해주게."

"땅강아지나 개미에게도 있다."

"그런 하찮은 것 속에도 있단 말인가?"

"기장이나 피에도 있다."

"어째서 자꾸 비하시키는가?"

"기왓장이나 벽돌에도 있다."

"왜 그처럼 더욱 심하게 말하는가?"

"똥이나 오줌 속에도 있다."

동곽자는 기가 막혀 아무런 말도 하지 않았다.

— [장자] 지북유

———————— ⊰✻⊱ ————————

'도는 어디에 있는가?' 사람들은 도를 현실세계를 초월하여 존재하는 신비한 무엇으로 생각하기가 쉽다.

그러나 장자는 위의 이야기에서 도는 우리의 손과 발이 닿지 않는 저만치 높고 먼 데 있는 것이 아니라, 주변 아주 가까운 곳에 있다는 것을 말하고 있다.

땅강아지나 개미는 동물 중의 하등동물이고, 기장이나 피는 식물 중의 하등식물이며, 기왓장과 벽돌은 물건 중의 하찮은 물건이고, 똥과 오줌은 인간이 가장 더럽게 여기는 오물이다. 똥이나 오줌에까지도 도가 있다는 장자의 말은, 도란 구름 저편 우리의 손과 발이 닿지 않는 곳에 있는 것이 아니라, 현실세계 우리의 주변 어디에나 그리고 언제나 있다는 것을 의미한다.

도가 높이 멀리 있지 않고 바로 눈앞에 가까이 있다는 것은 유가에서도 강조하고 있다.

"도는 잠시도 떠날 수가 없는 것이다."[1]

"도는 가까운 곳에 있는데 사람들은 먼 데서 찾는다."[2]

"도는 세상만물 어느 것에나 있고 어느 때나 있지 않은 때가 없다."[3]

....

1 《중용》 道也者 不可須臾離也
2 《맹자》 道在邇 而求諸遠

그러면 동양사상에서 이처럼 도를 일상생활 가운데 가까이 있는 것이라고 생각하는 근거는 무엇인가?

"도에서 하나가 생기고 하나에서 둘이 생기고 둘에서 셋이 생기고 셋에서 만물이 생긴다."[4]

"한번은 음이 되었다가 이것이 다시 양이 되는 것을 도라고 한다. 여기서 우주와 만물이 생성 발전한다."[5]

위의 두 구절은 도가 사물을 사물로 존재하게 하는 근원으로서 모든 물질의 본질을 이룬다는 사실을 말해주고 있다.

다음의 세 인용문은 도가 인생과 사회의 규율이요 법칙이라고 생각하는 동양사상의 관점을 명백하게 보여준다.

"도는 큰길과 같은 것이다."[6]

"도는 곧 진리이다."[7]

"도는 열반에 이르는 길이다."[8]

도가 우주만물을 생성시키는 원리이며 우주만물이 생성 발전하는 규율이요 법칙이라고 할 때, 이 세상에 존재하는 만물은 비록 하찮은 풀 한 포기, 벌레 한 마리도 도를 떠나서 생성되거나 생존할 수 없다고 보는 것은 당연한 귀결이라고 하겠다.

식물은 식물 나름대로 제각기 끝눈, 곁눈, 잎눈, 꽃눈을 만들어

---

3 《주자》 道者 無物不有 無時不然
4 《노자》 道生一 一生二 二生三 三生萬物
5 《주역》 一陰一陽之謂道 繼之者善也 成之者性也
6 《맹자》 道若大路然
7 《장자》 道理也
8 《구사론》 道義云何 謂涅槃路

줄기와 잎을 내거나 꽃을 피우고, 곤충은 곤충들 나름대로 저마다 세상에서 살아남을 수 있는 재주를 가지고 있다. 이를테면 소금쟁이의 발은 물 위로 걸어다녀도 빠지지 않게 되어 있고, 나나니벌은 조그만 돌조각을 입으로 물어다가 진흙과 함께 다져서 제 구멍을 가리는 방법을 알고 있다. 나비와 매미는 제 몸을 나무의 잎사귀나 줄기처럼 보이게 해서 적으로부터 몸을 보호하며, 말벌은 종이를 만들 줄 알아 그것으로 집을 짓기도 한다. 저마다 세상에 살아남을 수 있는 생존규율과 법칙을 가지고 있는 것이다.

동양사상은 바로 이런 우주만물의 생성원리와 생존규율을 가리켜 도라는 이름으로 표현하였던 것이다. 따라서 똥덩어리, 오줌줄기에까지도 도가 있다는 장자의 표현은 단순한 말장난이 아니라, 도가 사상에서 언제나 핵심을 이루는 도의 실체가 무엇인지를 극명하게 보여준 위대한 논리라고 하겠다.

도는 도둑에게도 있다

도척의 제자들이 물었다.

"도둑에게도 도가 있습니까?"

도척이 대답했다.

"어느 곳인들 도가 없을 수 있겠느냐. 무릇 남의 집안에 간직돼 있는 물건을 미루어 알아맞히는 것은 성스러움이요, 먼저 들어가는 것은 용기요, 나중에 나오는 것은 의리요, 되고 안 될 것을 아는 것은 지혜요, 고르게 나누어 갖는 것은 인자함이다. 이 다섯 가지를 갖추지 못하고 큰도둑이 된 일은 일찍이 천하에 없었다."

— [장자] 거협

자연계를 유심히 들여다보고 있노라면 그 안에는 신비에 가까운 어떤 규율과 질서가 자리잡고 있음을 보게 된다.

예컨대 닭의 발가락은 나뭇가지나 작대기를 잡고 올라서기 좋도록 기다랗고, 발톱은 곤충이나 벌레를 잡기 알맞도록 날카로우며, 부리는 옥수기나 보리, 밀을 쪼아먹기 좋도록 뾰족하다.

오리나 거위의 발은 물갈퀴가 있어서 헤엄을 치기에 좋고, 깃털에는 기름기가 있어 몸뚱이가 물에 젖어도 무거워지지 않으며, 부리는 납작하고 둥글고 길어 흙 속에 묻힌 먹이나 물에 사는 벌레를 잡아먹기에 알맞다.

도가사상에서 통상적으로 말하는 도란 바로 이와 같은 생존원리와 자연규율 같은 것이라고 할 수 있다.

도둑은 남의 물건을 훔칠 뿐만 아니라 심지어 하나뿐인 소중한 목숨까지 위협하는 존재이니, 도둑에게도 도가 있다는 장자의 논리는 다분히 해학적이라 할 수 있다. 그러나 여기에는 유가에서 주장하는 인의예지仁義禮智의 도를 비판하려는 장자의 의도가 숨어 있는 것으로 보인다. 또 한편으로는 이 세상에 존재하는 모든 사물은 도를 떠나 있지 않다는 것을 확인시켜주기 위한 의미도 담겨 있다.

도둑의 세계도 그 나름의 어떤 규율과 질서를 가지고 있으며 그것이 깨지면 도둑질은 성공할 수 없다. 도둑에게도 도가 있다는 장자의 묘사는 해학인 동시에 철학이라고 하겠다.

도의 찌꺼기만으로도
천하를 다스릴 수 있다

도는 만물을 포용하는 근원자根源者이다. 좋은 사람은 도를 보물로 존중하며 나쁜 사람 또한 이를 떠나서는 살 수 없다.

도를 닦아 표현된 아름다운 말은 사람들의 존경을 받게 하고, 도를 닦아 표현된 아름다운 행위는 사람들을 능가하게 한다. 비록 좋지 못한 사람이라도 도는 그를 버리는 일이 없다.

그러므로 천자天子를 옹립하고 삼공三公을 세우는 데, 비록 앞에 큰 보석을 받쳐들고 뒤에 사두마차(駟馬)를 딸려 융숭한 헌례를 한다 해도, 꿇어 앉아 만물의 근원인 도를 헌상하는 이만 같지 못하다.

옛날에 도를 이처럼 귀하게 여긴 까닭은 무엇이었는가. 선을 구하면 얻음이 있고 죄가 있어도 용서받을 수 있기 때문이라 하지 않았던가.

따라서 도는 이 세상에서 가장 귀중한 것이다.

— [노자] 62장

도는 분명 황금이나 보석이 아니다. 그런데 도를 아는 사람은 도의 값어치를 황금이나 보석보다도 귀하게 여긴다. 황금은 사람의 눈을 멀게 하지만 도는 사람의 눈을 맑게 하고, 황금은 순간의 쾌락을 가져다주지만 도는 영원한 안락을 가져다준다. 황금은 부자나 형제, 친구들 사이에 증오와 알력을 낳게 하지만 도는 사랑과 우정을 낳게 한다. 황금은 사람을 죄악으로 유혹하고 마음을 타락시키지만, 도는 사람을 선으로 이끌고 마음을 향상시킨다. 그런데도 저속한 인간들은 황금의 노예가 되어 도에 귀기울일 줄 모른다.

"도의 진수眞髓로는 몸을 다스리고, 그 나머지로는 국가를 다스리고, 다시 그 찌꺼기로 천하를 다스린다."

《장자》 양왕편에 나오는 말이다. 도의 찌꺼기를 가지고 천하를 다스린다는 데 다소 논리의 비약이 없는 것은 아니지만 장자가 평소 도의 가치를 어느 정도로 중히 여겼는지 짐작케 해주는 대목이다.

동양사상에서는 어느 의미에서 보면 천하를 얻는 것보다도 도를 이루는 일을 더 소중하게 여긴다고 해도 과언이 아니다. 회남자는 그 까닭을 이렇게 설명했다.

"도를 터득한 사람은 곤궁해도 걱정하지 않고, 영달하여도 좋아하지 않으며, 높이 있어도 위태롭지 않고, 가득 차도 기울지 않는다. 새로워도 번득이지 않고, 낡아도 변질되지 않으며, 불에 들어가도 타지 않고, 물에 들어가도 젖지 않는다. 그러므로 세도가 없어도 존귀하고, 재물이 없어도 부유하며, 힘이 없어도 강하고, 항상 아래로 흐르는 물같이 평탄허정하여 자연의 조화와 함께 호흡한다."

세속적인 가치를 뛰어넘어 존재하는 도의 가치가 어떤 것인지 짐작할 수 있게 해주는 말이 아닐 수 없다.

도에 이르는 길

나무토막처럼 된 싸움닭

기성자紀渻子라는 사람은 임금을 위해서 싸움닭을 기르고 있었다. 열흘이 되자 임금이 그에게 물었다.

"이제 싸울 만한가?"

"아직 멀었습니다. 지금 한창 되지못하게 사나워, 제 기운을 믿고 있습니다."

열흘이 지나 다시 임금이 물었다.

"아직 멀었습니다. 아직도 다른 닭 소리를 듣거나 그림자만 보아도 곧 달려들려고 합니다."

열흘이 지나서 또 임금이 물었다.

"아직 멀었습니다. 다른 닭을 보면 곧 눈을 흘기고 기운을 뽐내고 있습니다."

또다시 열흘이 지났다.

"이제는 거의 되었습니다. 다른 닭이 소리를 쳐도 아무런 반응도 보이지 않으니, 마치 나무토막으로 된 닭과 같습니다. 그 덕이 온전하

기 때문에 닭들이 감히 가까이 오지도 못하고 보기만 해도 달아나버리
고 맙니다."

— [장자] 달생

싸움닭은 처음에는 제 위에 아무도 없는 양 객기를 부리며 설친다.
그러다 조금 훈련을 하면 객기가 다소 줄어들고, 좀더 훈련을 하면
차츰 차분해져, 나중에는 다른 닭을 보고도 아무런 반응을 보이지
않는 나무토막으로 만든 닭처럼 된다.

　이 이야기는 도를 닦는 사람이 처음에는 천하에 자기 이상 없는
듯이 교만을 잔뜩 부리다가, 나중에 차차 도가 깊어지면 그러한 교
만이 사라지고 외부세계의 시비득실에 대해서도 민감한 반응이 줄
어들며, 여기서 다시 도가 한 차원 더 높아지면 안으로 자기도 없고
밖으로 대상도 없는 무심無心의 경지에 나아가게 된다는 것을 비유
로 설명한 것이다. 이기고 지는 마음을 함께 버린 이 무심의 경지가
바로 완전한 싸움닭의 경지요, 완숙한 도인의 경지가 아니겠는가.

　불교의 《법구경》에도 이와 비슷한 말이 있다.

　"이기면 원수가 생기고 지면 비참해진다. 이기고 지는 마음을 함
께 버리면 마음 편히 행복하게 산다."[1]

1　勝則生怨 負則自鄙 去勝負心 無爭自安

모든 운동경기에는 승패가 있다. 그러나 승패 그 자체에 지나치게 집착하다 보면 오히려 승리를 획득하는 경우가 드물다는 걸 우리는 잘 알고 있다. 장기나 바둑을 둘 때 하수가 고수에게 훈수를 하는 경우가 흔히 있는데, 이것은 승부를 겨루는 사람보다 곁에서 구경하고 있는 사람에게 수가 더 잘 보이기 때문이다. 당사자는 이기려는 욕심에 마음이 가려 수를 제대로 보지 못하는 것이다.

우리는 일상 속에서 이와 비근한 경험들을 통해 도에 이르는 방법을 깨달을 수 있다.

코끝의 도끼날

장자는 어느 날 장례행사에 참가하여 혜자의 무덤을 지나다가 그 뒤를 따르는 제자들을 돌아보고 이렇게 말했다.

"옛날 초나라의 서울 영郢 땅에 살던 어떤 사람이 코끝에 흰 흙을 마치 파리날개처럼 엷게 발랐다. 그러고는 장석匠石을 불러 그것을 깎 아내라고 했다. 장석은 바람처럼 빠르게 도끼날을 휘둘렀다. 흰 흙은 깨끗이 깎여나갔는데도 코끝은 조금도 상하지 않았다. 그리고 영 땅의 사람은 선 채로 얼굴빛 하나 변하지 않았다.

송나라 원군元君이 이 말을 듣고 장석을 불러 '내게도 시험삼아 그렇 게 해보라'고 했다. 그러자 장석은 '저는 이전에는 그것을 훌륭히 해냈습 니다. 그러나 이제 제 상대는 죽은 지 이미 오래입니다'라고 대답했다.

혜자가 죽고 나니 나는 다시 상대할 이가 없구나. 나는 다시 더불 어 말할 대상이 없구나."

― [장자] 서무귀

아흔한 살을 맞이한 어느 노부인이 아흔다섯 살이 된 18세기 계몽사상의 선구자 퐁트넬에게 물었다.

"어쩌다 저세상의 사자가 우리들의 일을 그만 잊은 것이겠지요?"

그러자 퐁트넬이 얼른 손을 입에 갖다 대며 말했다.

"쉿, 들리겠소!"

인간의 삶에 대한 집착은 이처럼 강한 것이다.

도가에서는 죽음을 새가 초롱에서 나오고 말이 마구간에서 나오는 것과 같은 것쯤으로 생각한다. 이러한 도가의 관점을 장석과 영땅 사람의 이야기가 잘 대변해주고 있다.

코끝에 파리날개처럼 엷게 묻은 흰 흙을 깎아내리려고 도끼를 내리치는 장석, 휘두르는 도끼날 앞에 터럭 하나 까딱하지 않고 태연하게 서 있는 영 땅 사람, 생각만 해도 등골에 오싹 소름이 끼치는 광경이다. 무엇이 이 두 사람의 초인적인 행위를 가능케 했을까. 그것은 바로 죽고 사는 것에 연연하지 않은 그들의 초연한 마음가짐 때문이었다. 그러니 생명에 대해 강한 애착을 갖고 있는 원군이 장석의 도끼날의 상대가 될 수 없음은 당연한 일이라 하겠다.

도의 경지에 이르고자 하는 사람은 모든 집착을 초월하고 마지막으로는 생사까지도 초월해야 한다. 생명에 집착하고 죽음에 얽매이는 한 결코 도에 이를 수 없다.

진묵震默 선사가 전라남도 부안군 변산의 월명암月明庵에 머물때였다. 시자侍者가 제사를 지내러 속가俗家로 내려가면서 진묵선사에게 말했다.

"스님, 식사를 준비해놓았으니 때가 되면 드십시오."

"알았다."

월명암의 스님들이 모두 탁발하러 나가자, 진묵 선사는 홀로 창에 기대앉아 문지방에 손을 얹은 채 《능엄경》을 읽기 시작했다. 시자가 하룻밤을 묵고 절에 돌아왔을 때도 선사는 전날에 앉아 있던 그대로 경을 읽고 있었다. 바람에 문이 흔들려 문지방 위의 손가락을 찧어 피가 흐르는데도 태연스러웠다. 밥상의 음식도 차려놓은 그대로였다.

시자가 문안을 드리자 진묵 선사는 그제야 독서삼매에서 깨어나 시자에게 물었다.

"너는 왜 제사에 참여하지 않고 벌써 왔느냐?"

이러한 진묵 선사야말로 코끝에 묻은 흙을 깎아내려고 도끼를 내리치던 장석일 수도, 휘두르는 도끼날 앞에 미동도 하지 않고 서 있던 영 땅 사람일 수도 있지 않겠는가.

어느 노인의 매미 잡는 솜씨

공자가 초나라로 갈 때 숲 속을 지나다 보니, 늙은 곱사등이 한 사람이 장대로 매미를 잡고 있었다. 그런데 마치 손으로 물건을 줍는 듯하였다.

공자가 물었다.

"참으로 용하구려, 무슨 특수한 방법이라도 있소?"

"예, 방법이 있지요. 오뉴월쯤에 공 두 개를 장대 끝에 포개어놓고 떨어뜨리지 않으면 매미를 잡는 데 실수가 아주 적게 되고, 세 개를 포개어 떨어뜨리지 않으면 실수는 10분의 1쯤으로 줄어들며, 다섯 개를 포개어 떨어뜨리지 않으면 손으로 물건을 줍는 듯이 됩니다. 저는 매미를 잡을 때 몸 가지기를 마른나무 그루터기와 같이 하고, 팔 가지기는 마른 나뭇가지와 같이 합니다. 그리하여 아무리 천지가 크고 만물이 많다 해도 정신을 집중하는 것은 오직 매미 날개뿐이지요. 몸을 꼼짝도 않고 매미에만 온 정신을 집중하여 천하만물을 가지고서도 매미 날개와 바꾸지 않는데 어떻게 매미를 잡지 못할 수가 있겠습니까?"

공자는 제자들을 돌아보고 말했다.

"마음을 한결같이 하여 분산되지 않으면 정신이 움직이지 않는다고 하더니, 바로 저 곱사등이 노인을 두고 한 말이었구나."

— [장자] 달생

매미 잡는 것이 비록 사소한 일이라 해도 손으로 물건을 줍듯이 되기까지는 연습이 많이 필요하다. 또한 천하를 가지고 와도 매미 날개와 바꾸지 않겠다는 정신의 집중이 필요하다. 곱사등이 노인은 꾸준한 노력과 정신의 집중, 이 두 가지를 합하여 매미 잡는 일에 그런 경지까지 이를 수 있었다.

도에 이르는 방법론을 매미 잡는 노인을 통해서 암시해주는 이 이야기는 어떠한 논리나 웅변보다도 더 설득력 있고 실감나는 이야기가 아닐 수 없다.

왕희지는 중국 역사상 최고의 서예가로 아직까지 그를 능가하는 인물이 배출되지 않았을 정도이다. 사람들은 그를 '서성書聖' 즉 '서예의 성인'이라고까지 일컫는다. 그 까닭은 그의 글씨가 기교나 기술의 차원을 넘어 도의 경지에 도달했기 때문이다. 그렇다면 왕희지는 어떻게 서성의 경지에까지 도달할 수 있었는가.

왕희지는 동진東晉시대의 사람이다. 비교적 귀족가문에 태어난 그는 부귀공명과 같은 세속적인 일에는 무관심하고 오로지 서예를 좋아하여 어린 시절부터 이를 연마하는 데 열중하였다. 특히 장지張

芝의 초서草書를 좋아하여 항상 성 부근의 못가에서 장지의 서법을 임서臨書했으며, 글씨를 쓴 후에는 못물에 붓을 빨곤 했다. 그런데 글씨를 어찌나 많이 썼던지 못물이 차츰 검게 물들어 먹물처럼 되자, 뒷사람들은 이곳을 '묵지墨池'라고 칭하게 되었다 한다.

이처럼 왕희지의 글씨가 도의 경지에 이른 것은 그저 손재주가 좋아서가 아니라 남다른 노력과 정신집중의 소산이었던 것이다.

우리나라의 천재 기사棋士 이창호는 바둑으로 천하를 제패했다고 해도 과언이 아니다. 그가 바둑알을 놓고 있을 때의 모습을 보면 그 얼굴에서 천하를 가지고 와도 바둑알 한 개와 바꾸지 않겠다는 표정을 읽을 수 있다.

모든 일이 어느 단계를 넘어서 도의 경지까지 도달하자면 끊임없는 노력과 정신의 집중, 이 양자의 결합 없이는 불가능하다는 사실을 새삼 되새겨보게 된다.

최상의 선은 물과 같다

선善 가운데서도 최선은 언제나 물과 같다. 물은 모든 만물을 이롭게 하지만 높고 깨끗한 곳에 있으려 하지 않고, 항상 사람들이 싫어하는 낮고 더러운 곳에 스며든다. 이러한 물의 성질은 도에 아주 가깝다.

물과 같은 선을 실천하는 사람은 처신은 겸손하게 하고, 마음가짐은 고요하게 하며, 널리 베풀되 보답은 바라지 않고, 말은 진실되어 망녕되지 않게 하며, 정치에서는 좋은 성과를 얻고, 일에서는 좋은 효과를 거둔다. 또한 행동은 좋은 시기를 선택해서 한다. 그는 남과 다투지 않기 때문에 무슨 일을 하든지 잘못이 없다.

— [노자] 8장

"누구든지 자기를 높이는 자는 낮아지고 자기를 낮추는 자는 높아지리라."

《신약성서》 마태복음에 나오는 말이다.

《주역》에서는 사람이 겸손하면 결과적으로 더욱 빛나게 된다는 '겸광謙光'에 대해 말했고, 《서경》에서는 '자만은 손실을 초래하고 겸손은 유익함을 가져온다(滿招損 謙受益)'고 하였다.

장자는 '사람이 어진 일을 행하면서도 스스로 어질다는 생각을 버리면 어디에 간들 사랑을 받지 않겠는가'라고 했다.

동서의 종교와 사상이 이처럼 겸손의 의미를 특별히 강조했던 이유는 무엇일까? 그것은 겸손이 바로 모든 미덕의 근본이기 때문일 것이다.

인도의 무저항주의자였던 간디는 '진리를 추구하는 사람은 흙보다도 더 겸손함을 추구해야 한다'고 말한 바 있다. 흙은 모든 사람의 발길에 밟히면서도 불평 한마디 없이 묵묵히 있다. 그래서 간디는 흙을 겸손의 표본으로 들었을 것이다.

그러나 흙보다도 겸손한 것이 물이라고 할 수 있다. 우리는 '물이 도에 가깝다'고 한 노자의 말에 주목해야 한다. 항상 낮고 더러운 곳을 향해 흐르며 만물을 이롭게 하는 물의 성질이 도에 가깝다고 말한 노자의 참뜻을 이해한다면, 도가 무엇이고, 도에 이르는 방법이 무엇이며, 도인의 경지가 어떤 것인지 짐작하는 것이 그다지 어렵지 않을 것이다.

마음의 재계

안회가 공자에게 물었다.

"저로서는 더 이상 나아갈 수가 없습니다. 어떻게 하면 되겠습니까?"

공자가 답했다.

"재계齋戒하라. 내 너에게 덧붙여 이르겠노라. 무슨 일이든 사심을 가지고 하려 들면 그 일은 쉽사리 이루어지지 않는다. 그렇게 해서 만일 쉽사리 될 수가 있다면 그것은 자연의 도리에 부합되지 않는 것이다."

"저는 집이 가난하여 술도 마시지 않고 냄새 나는 푸성귀도 먹지 않은 지가 이미 몇 달이 되었습니다. 이와 같으면 재계했다고 할 수 있겠습니까?"

"그것은 제사 때의 재계는 될지언정 마음의 재계는 아니니라."

"그렇다면 마음의 재계란 어떤 것이옵니까?"

"먼저 마음을 한데 모아 잡념을 없애라. 그리하여 귀로써 듣지 말고 마음으로써 들으며, 또 마음으로써 듣지 말고 기운으로써 들어라. 귀는 단지 소리를 듣는 데 그치고 마음은 단지 덧없는 현상을 이해하는 데 그칠 뿐이지만, 기운은 공허해서 무엇이나 다 그 안에 받아들인다. 도는 오직 공허한 가운데 모이는 것이니, 공허하게 마음을 텅 비우는 것이 곧 마음의 재계인 것이다(虛者心齋)."

— [장자] 인간세

유가에서 재계라고 하면 일반적으로 음식을 가려먹어 부정不淨을 금기하는 제사의 재계를 가리킨다. 그런데 위에서는 제사의 재계가 아닌 마음의 재계를 말하고 있다.

마음의 재계란 무엇이며 왜 장자는 마음의 재계를 이야기하였는가? 그 점을 명확히 알자면 마음이란 무엇인가에 대한 이해가 전제되어야 할 것이다.

공자는 마음에 대해 이렇게 말했다.

"잡아두면 있고 놓아버리면 없다. 나가고 들어옴이 정해진 때가 없어 언제 어디로 향할는지 알 수 없다."

장자는 다음과 같이 설명했다.

"마음이란 뜨겁기는 타는 불이요, 차갑기는 얼음이며, 빠르기는 구부리고 우러르는 동안 사해四海 밖을 두 번 어루만진다. 가만히 있을 때는 깊고 고요하며, 움직일 때는 하늘까지 멀리 가는 것은 오직 사람의 마음이다."

우리 속담에는 이런 말도 있다.

"산 속에 있는 도둑 열 놈은 잡아도 제 마음속에 있는 도둑 한

놈은 못 잡는다."

《구약성서》에서는 '제 마음을 다스리는 사람은 성을 탈취하는 것보다 낫다'고 하였다.

이처럼 인간의 마음이란 몹시 다스리기 어려운 존재인 것이다. 그렇다면 마음을 다스리는 방법이 있을까? 그것은 과연 무엇일까?

장자는 그 방법을 '마음의 재계'라고 보았다. '마음의 재계'란 바꾸어 말하면 마음을 비우는 것이고, 마음을 비운다는 것은 다름 아니라 마음에서 일체의 욕심을 없애는 것이다. 마음에서 욕심을 없애면 마음이 비워지고, 마음이 텅 비면 마음이 맑고 깨끗해지며, 마음이 맑고 깨끗해져 마음의 재계, 곧 심재心齋가 되면 도의 경지에 이르게 된다.

유가의 《대학》에서는 '마음이 머물 데를 안 뒤에야 안정된다(知止而後有定)'고 했고, 불교 《능엄경》에서는 '욕심을 버리면 마음의 본체가 드러난다(離欲心現)'고 하였다.

도가의 허자심재虛者心齋, 유가의 지지이후유정知止而後有定, 불교의 이욕심현離欲心現은 표현은 다소 다르지만 내용면에서는 서로 대동소이하다. 유, 불, 도 삼교 사상이 지향하는 궁극의 목표는, 비록 세간과 출세간으로 나뉘지만, 물욕을 버리고 마음을 비워 마음의 본체를 회복하는 것을 도에 이르는 방법론으로 채택한 점에서는 같다.

'마음을 비웠다'고 말하는 사람들이 흔히 있다. 그러나 마음을 비운다는 것이 정확히 무엇을 가리키는 것인지 그 의미를 제대로 파악한 경우는 드물다. 무욕無慾을 통해서 허심虛心이 가능해 지고, 허심을 통해서 심재心齋가 이루어지며, 심재를 통해서 도에 이르게 된다는 원리를 명심해야 할 것이다.

앉아서 고스란히 잊는다

안회가 공자에게 말했다.

"저는 공부가 훨씬 늘었습니다."

"무슨 말인가?"

"인의仁義를 잊었습니다."

"허나 아직 멀었다."

다음에 안회가 다시 말했다.

"저는 공부가 훨씬 늘었습니다."

"무슨 말인가?"

"예악禮樂을 잊었습니다."

"허나 아직 멀었다."

또다른 날 안회가 다시 말했다.

"저는 공부가 훨씬 늘었습니다."

"무슨 말인가?"

"저는 앉아서 고스란히 잊었습니다(坐忘)."

공자는 흠칫 놀라며 물었다.

"앉아서 고스란히 잊었다니, 무슨 말인가?"

"자기의 손발과 몸뚱이를 벗어버리고 귀나 눈의 밝음을 떨쳐버리어, 형체를 떠나고 앎을 버려서 저 위대한 도와 하나가 되는 것을 '앉아서 고스란히 잊었다'고 합니다."

"위대한 도와 하나가 되면 사사로운 마음이 없어지고, 위대한 도와 동화되면 어떠한 집착도 사라질지니, 너는 과연 어질구나. 내 너의 뒤를 따르고 싶구나."

— [장자] 대종사

모든 종교와 사상은 기본적으로 최고의 이상향을 설정하고 거기에 도달하기 위한 나름의 방법론과 체계를 갖추고 있다.

예컨대 힌두교의 일파인 탄트라교는 특수한 요가의 관법觀法을 행하여 남녀 합환合歡의 황홀경에 도달하는 것을 신에의 합일, 곧 해탈경解脫境에 도달하는 것으로 간주하여 이를 수행의 유력한 방법으로 하였다.

장자는 여기서 공자와 안회의 대화를 빌어 그가 최고의 이상으로 여기는 진리, 곧 도에 이르는 방법론으로서 '좌망坐忘'을 제시 했다.

'좌망'이란 글자 그래도 풀이하면 '가만히 앉아서 모든 것을 잊어버린다'는 의미이다. 그렇다면 좌망의 근본 뜻은 무엇인가?

마음에 한 점의 사심이나 물욕도 존재하지 않아 안으로 자아도 잊어버리고(忘我), 밖으로 천하만물도 모두 잊어버려(忘物), 마음이 주관과 객관이 모두 끊어진 물아양망物我兩忘의 경지에 도달한 것을 말한다. 이 좌망의 반대는 '좌치坐馳'인데, 장자는 인간세人間世편에서 좌치를 이렇게 설명하였다.

"마음이 고요히 머물지 못하는 것을 좌치라고 한다."[1]

그러니까 몸은 자리에 앉아 있으면서 마음은 한없이 밖을 향해 치닫는 것이 '좌치'요, 안으로 내 몸도, 밖으로 천하만물도 모두 잊어버리는 것이 '좌망'인 것이다.

세상의 모든 애증과 갈등은 결국 나와 너를 구분하여 나를 더 위하려는 사욕에서 생기는 것이다. 사욕이 있는 한, 사람의 마음은 조용히 가라앉을 수가 없고 밖으로 치닫게 된다. 장자는 나와 너의 장벽을 허물고, 나와 너를 모두 잊고, 내가 너인지 네가 나인지 알지 못하는 좌망의 경지에 이르면, 그것이 곧 도를 이루는 길이요 도와 하나 되는 길이라고 믿었다. 도가사상에 있어 좌망은 '심재心齋'와 함께 도에 이르는 방법론의 핵심을 이루는 양대 논리라고 해도 과언이 아니다.

불교에서는 염불을 하거나 경經을 읽는 것도 도를 얻기 위한 하나의 방편이지만, 깨달음에 이르는 최상의 방법론은 좌선坐禪이라고 하였다.

좌선이란 앉아서 선禪을 수행하는 것으로, 일체의 잡념과 망상을 버리고 마음을 한 곳에 모아 안주시키는 것이다. '선'이란 범어의

....

1 夫且不止 是之謂坐馳

'jhana', 곧 '선나禪那'의 약칭인데 '사유수思惟修' 또는 '정려靜慮'의 의미이다.

유가에서, 특히 송대의 유가에서는 도에 이르는 방법론으로 주로 '정좌靜坐'를 강조하였다. 정좌란 말 그대로 마음을 가다듬고 단정히 앉아 있는 것이다.

다음 구절은 후기 송대의 정주학程朱學에서 정좌를 얼마나 중요하게 여겼는지를 보여준다.

"정명도程明道는 사람들에게 정좌를 하도록 했고, 또한 이 선생 (주자의 스승인 이연평李延平)께서도 사람들에게 정좌를 하도록 했다. 처음 공부하는 사람들은 모름지기 정좌를 하여야 한다. 정좌를 하게 되면 본원이 정해진다."[2]

좌망과 좌선과 정좌 중에 오늘날에도 그 전통이 그대로 이어져 오고 있는 것은 좌선이다. 참고 삼아 《보권 좌선의普勸坐禪儀》의 내용을 바탕으로 좌선의 방법을 요약하여 소개한다.

참선을 하는 사람은 조용한 방에 거처하는 것이 좋으며 음식을 절제해야 한다. 세상만사를 놓아버리고 선악을 생각하거나 시비에 관계하지 말고 조용한 마음가짐으로 임해야 한다.

평소 앉는 자리에 방석을 깔고 그 위에 앉는데 혹 결가부좌를 하기도 하고 반가부좌를 하기도 한다. 결가부좌란 먼저 오른발을 왼쪽 다리 위에 올려놓은 뒤 왼발을 다시 오른쪽 다리 위에 올려

....

2 《주자어류朱子語類》 明道教人靜坐 李先生亦教人靜坐 始學工夫 須是靜坐 卽本原定矣

놓는 것을 말한다. 반가부좌란 단지 왼발만을 오른쪽 다리위에 올려놓는 것을 말한다.

허리띠는 끌러서 좀 느슨하게 맨다. 그리고 오른손은 왼발 위에 올려놓고 왼손은 오른쪽 손바닥 위에 올려놓는다. 양 엄지손가락은 전면이 서로 마주치도록 한다.

몸을 전후좌우로 기울이거나 의지함이 없이 곧게 세우고 단정히 앉아서, 귀와 어깨가 마주 보게 하고, 코와 배꼽이 마주 보게 하며, 혀는 윗잇몸에 갖다 대고, 입술과 이는 서로 바라보게 한다. 또한 눈은 반드시 언제나 뜨고, 코로는 가늘고 깊게 숨을 쉰다.

이러한 자세로 일체의 잡념을 끊고 학문과 논리로 설명될 수 없는 인생과 우주의 본질적인 문제를 일심一心으로 참구參究하는 것이 바로 좌선이다.

율곡은 열아홉 살 때 유점사 말사인 금강산 마하연摩訶衍에 들어가 '모든 법은 하나로 돌아가는데, 그 하나는 결국 어디로 돌아가는 것인가(萬法歸一 一歸何處)'라는 주제로 참선을 했다고 한다. 이것은 율곡의 《신도비명神道碑銘》에서 이항복이 밝힌 내용이다.

불교에서는 이런 참구의 주제를 '화두話頭'라고 말하는데, 화두의 종류는 무려 1,700여 가지에 이른다.

도에 이른 백정의 칼질

어떤 백정이 문혜군文惠君을 위해 소를 잡았다. 고기는 쩍쩍 소리를 내면서 갈라지고 칼은 싹싹 소리를 내는데, 음률에 맞지 않는 것이 없었다. 그 몸놀림은 마치 아름다운 춤과도 같았고, 그 칼 쓰는 소리는 아름다운 음악의 곡조와도 같았다. 문혜군이 이를 보고 감탄하며 말했다.

"참으로 훌륭하구나! 기술이 어찌 이렇게 훌륭한 데까지 미칠 수가 있는가?"

백정이 칼을 놓고 대답했다.

"제가 좋아하는 것은 도道로서, 그것은 이미 기교의 단계를 넘어섰습니다. 옛날 제가 처음으로 소를 잡을 때엔 소가 전부 온전한 한 마리의 소로만 보였습니다. 그러나 3년이 지난 뒤에는 전혀 온전한 소로 보이지 않았습니다. 지금은 오직 마음으로 소와 만날 뿐 눈으로 보지 않습니다. 곧 귀나 눈 따위의 감각기관은 멈춰버리고 마음만이 작용하는 것입니다. 소 몸뚱이에 있는 본연의 구조를 따라 힘줄과 뼈가 붙어 있는 큰 틈바귀를 자르고, 뼈마디가 이어져 있는 큰 구멍에 칼을 넣습니다. 모두 소가 생긴 자연의 구조 그대로를 좇아하기 때문에 아직 한 번도 경락經絡이 연결된 곳이나 뼈와 힘줄이 맺힌 곳에서 칼이 부딪힌 일이 없습니다. 하물며 큰 뼈다귀야 말할 것이 있겠습니까?

솜씨 있는 백정은 한 해에 한 번 칼을 바꾸는데, 그것은 살을 베기 때문입니다. 보통의 백정은 한 달에 한 번 칼을 바꾸는데, 그것은 뼈다귀에 부딪혀 칼을 부러뜨리기 때문입니다. 그러나 제 칼은 사용한 지 열아홉 해나 지났고 잡은 소는 수천 마리에 이르는데도 그 칼날이 막 숫돌에 간 것과 같습니다. 소의 뼈마디 사이에는 틈이 있고 칼날은 두께가 없습니다. 두께가 없는 것을 틈이 있는 사이에 집어넣기 때문에, 그 공간이 넓고 넓어 칼날을 놀리는 데 충분한 여유가 있는 것입니다. 그래서 숫돌에서 방금 갈아 나온 칼과 다름이 없는 것입니다.

하지만 뼈와 힘줄이 한데 얽혀 있는 곳을 만날 때는 그것이 다루기 어려움을 알고 몹시 조심합니다. 눈길을 그곳에 멈추고 몸놀림을 느리게 하고, 칼은 아주 가만가만 놀립니다. 그러면 뼈와 살이 '철썩'하고 갈라지는데, 마치 흙덩이가 땅에 떨어지는 듯합니다. 그러면 저는 칼을 들고 일어서서 사방을 한번 둘러보고는 흐뭇한 마음으로 칼을 닦아 간직합니다." 문혜군이 이 말을 듣고 말했다.

"훌륭하구나! 나는 백정의 말을 듣고 생명을 기르는 도를 깨달아 얻었도다!"

— [장자] 양생주

장자는 이 이야기에서 소 잡는 방법을 통해서 도에 이르는 법을 밝히고 있다. 이해관계가 복잡하게 얽히고설킨 인간세상을 살과 뼈와 힘줄이 복잡하게 뒤얽힌 한 마리 소에, 그리고 소 잡는 칼질을 사람의 마음씀에 비유하고 있다.

사람이 세상을 살아가는 모습은 그야말로 천태만상이다. 그러나 정리해보면 세 가지 유형으로 분류할 수 있다. 첫째는 감정대로 살아가는 사람이고, 둘째는 감정을 억제하고 조절하면서 살아가는 사람이며, 셋째는 감정의 지배를 받거나 그것을 억제하지 않고 자연의 이치에 따라서 살아가는 사람이다.

첫번째 사람은 여기저기서 부딪치는 일이 많으므로, 한 달에 한 번 칼을 바꾸어야 하는 보통 백정에 해당된다.

두번째 사람은 남과 부딪치는 일이 적으므로, 한 해에 한 번 칼을 바꾸는 솜씨 있는 백정에 해당된다.

세번째 사람은 밖으로 부딪쳐 꺾이는 일도, 속으로 억눌려 멍들 일도 없으므로, 언제나 막 숫돌에 간 것 같은 칼을 지니는 백정에 해당된다.

백정의 소 잡는 솜씨가 기예의 차원을 넘어 도의 경지에 이르게 된 까닭은, 손발이나 눈 따위의 기관은 멈춰버리고 물이 물길을 좇아 내려가듯 소 몸뚱이의 본래 생긴 자연의 구조를 따라 칼질을 한 데에 있다.

우리의 인생도 도의 경지에 이른다는 것이 그렇게 어려운 일만은 아니다. 매사에 억지를 부리지 않고 순리대로 살아간다면 그것이 바로 도에 이르는 길이 아니겠는가.

　오늘날 생존경쟁의 이름 아래 살아가는 우리들의 하루하루는 항상 초조와 긴장, 도전과 응전이 연속되는 전쟁터이다. 사람들은 너나없이 한 달에 한 번 칼을 바꾸는 보통 백정은 고사하고 날마다 칼을 바꾸지 않으면 안 되는 어리석은 백정의 형태로 전락하고 있다. 이런 때이기에 단지 자연의 본래 이치를 따라 자연스런 칼놀림을 하는 백정의 도에 이른 칼질이 더욱 돋보이는 것이다.

알몸이 된 화공

송나라 원군元君이 그림을 한 폭 그리게 하려고 하자, 뭇 화공들이 모두 모여들었다.

화공들은 분부를 받아 목례를 하고는 벌려 서서, 입으로 붓을 빨아 보기도 하고 손으로 먹을 갈아보기도 했다. 화공의 수가 많아 그 반수는 밖에서 기다려야 했다.

그런데 한 화공이 뒤늦게 와서는 아주 여유만만하게 행동하는 것이었다. 그는 목례를 하고 나서도 자리에 서 있지 않고 그대로 방안으로 들어가 버렸다. 원군은 사람을 시켜 그 사람의 행동을 엿보게 했는데, 그는 옷을 벗어 알몸이 된 채 두 다리를 내뻗고 앉아 있었다. 그러자 원군이 감탄하여 말했다.

"저 사람이야말로 참다운 화공이구나!"

— [장자] 전자방

임금이 그림을 그리게 하려 하니 전국에서 화공들이 구름처럼 모여 들었다는 것으로 보아, 아마도 그때 상황이 요즘 대기업의 입사시험 과 비슷했던 모양이다.

화공들은 저마다 서둘러 달려와 여러 경쟁자들을 물리치고 자신 이 선발되기를 마음속으로 고대하고 있었다. 그런데 그들이 이처럼 긴장의 빛을 감추지 못하고 있을 때, 맨 나중에 도착한 화가는 오히 려 여유 있는 태도로 등록한 후 다시 숙소로 돌아가 자유롭게 휴식 을 취하는 것이었다. 원군은 뜻밖에도 그를 참다운 화가라고 칭찬하 여 선발하였다.

원군은 여러 쟁쟁한 화가들 가운데서 왜 그를 선발했던 것일까? 그것은 그의 영혼이 가장 맑고 순수했기 때문일 것이다.

좋은 그림은 손재주만으로 되는 것이 아니다. 혼과 정신을 담아 야만 한다. 위대한 화가는 언제나 자기의 영혼에 붓을 적셔 사물의 참모습을 그려낸다. 그런데 만일 그 영혼이 때묻고 변질되었다면 어 떻게 풍부한 상상력과 창조성을 발휘하여 사물의 참모습을 그려낼 수 있겠는가.

다른 사람을 제치고 선발되고 싶다는 사심私心을 가지고 긴장된 표정으로 서 있던 많은 화가들은 이미 마음의 순수성을 상실하였다. 그래서 원군은 어떤 형식에 구애되거나 어떤 계산된 목적도 갖지 않 은 채 진솔한 태도를 보여준 마지막 화가를 선택했던 것이다. 그는 맑은 영혼의 소유자였던 것이다.

이 이야기는, 맑은 영혼을 통해서 이른 참다운 화가의 경지를 묘

사함으로써 도에 이르는 한 방법론을 간접적으로 설명하고 있는 것
이라고 하겠다.

어린아이가 될 수 있어야 한다

어느 날 남영추南榮趎가 노자에게 말했다.

"어떤 사람이 병을 앓고 있어 그 이웃마을 사람들이 문병을 갔는데, 그 환자가 자기의 병을 자세히 이야기할 수 있었다고 합시다. 그렇다면 그는 병을 병으로 알고 있는 것으로, 아직 완전한 병자는 아닐 것입니다. 그런데 제가 이제 선생의 대도大道를 듣는다면 그것은 마치 병자가 약을 먹음으로써 병을 가중시키는 것과 같을 것입니다. 저는 단지 선생의 그 생명을 기르는 떳떳한 도리만을 듣고 싶을 뿐입니다."

이에 노자가 답했다.

"생명을 기르는 떳떳한 도리란 본성을 지켜 천성을 잃지 않고, 점치는 일없이 길흉을 알며, 자신의 본분을 지키고 알맞은 정도에서 그치며, 남에게 구하기를 버리고 자신에게 구하며, 구속됨이 없고 순진하며, 어린아이가 되는 것이다. 어린아이는 온종일 울어도 목소리가 쉬지 않으니 이것은 화기和氣가 지극한 까닭이요, 온종일 주먹을 쥐고 있어도 손이 저리지 않으니 그 덕이 지극한 까닭이며, 온종일 물건을 보고 있어도 눈을 깜빡이지 않으니 마음이 밖으로 치닫지 않는 까닭이다. 또한 어디로 갈 때는 어디로 가는지 모르고, 가만히 있을 때는 무엇을 해야 하는지 모른다. 사물에 순응해서 그 물결을 따라 움직이니 이것이 생명을 기르는 떳떳한 도리이니라."

"그러면 그것이 바로 지인至人의 경계입니까?"

"아니다. 그것은 단지 사물에 집착하는 마음이 풀리는 정도일 뿐이니 지인의 경지가 가능할 수 있겠는가? 무릇 지인은 인간사회에서 생활하고 있지만 하늘과 더불어 즐거움을 함께하고 이해로써 마음을 어지럽히지 않는다. 어떤 괴이한 일을 하지도 않고, 어떤 모략을 꾸미지도 않으며, 속된 일을 하려 들지도 않는다. 구속됨이 없고 순진하게 사는 것, 이것은 그저 생명을 기르는 떳떳한 도리일 뿐이다."

"그러면 그것이 생명을 기르는 도리의 지극한 것입니까?"

"아니다. 나는 아까 너에게 '어린아이가 될 수 있어야 한다'고 말했다. 저 어린아이들은 의식적으로 행동하지 않는다. 그들의 행동은 언제나 자유로워, 몸은 마치 마른 나뭇가지와도 같고 마음은 마치 식은 재와도 같다. 이러한 사람에게는 화도 이르지 않고 복 또한 오지 않는다. 화와 복도 거기에는 없는데 어떻게 인위적인 재앙이 있을 수 있겠는가."

— [장자] 경상초庚桑楚

도가는 인간에게 있어 정신이 그 주인(主)이고 형체는 손님(客)이라고 말한다. 인간의 생명은 육체가 아닌 정신으로 대표된다고 보기 때문이다. 따라서 위에서 말하고 있는 '생명을 기르는 도리'란 바로 정신을, 즉 인간의 마음을 기르는 도리를 가리킨다고 할 수 있다.

마음을 기르는 도리란 도에 이르는 방법론의 핵심이라 할 수 있다. 그래서 주자는 생명을 기르는 도리에 대해 주로 설파한 《장자》의 경상초편을 '전편이 모두가 선이다(全篇都是禪)'라고 말한바 있다.

남영추와 노자의 대화는, 생명을 기르는 지극한 방법은 어린아이로 돌아가는 것이라고 제시한다.

맹자는 '대인이란 갓난 어린아이의 마음을 잃어버리지 않은 사람이다(大人者 不失其赤子之心者也)'라고 했다.

또한 노자는 '덕을 두텁게 쌓은 사람은 갓난 어린아이에 비유될 수 있다(含德之厚 比於赤子)'고 하였다.

부처는 '행실 중에서 어린아이의 행실이 제일이다(嬰兒行第一)'고 말했다.

그리고 예수도 《신약성서》 마태복음에서 다음과 같이 말했다.

"너희가 돌이켜 어린이와 같이 되지 않으면 천국에 날 수 없다."

"하느님의 나라는 이런 어린이와 같은 사람들의 것이다."

이처럼 동서의 종교와 사상은 그 궁극적 목표를 '지인' '대인' '부처' '천국' 등 서로 달리 표현하고 있지만, 어린아이의 세계로 돌아가는 것을 주요한 방법론으로 삼는 데 있어서는 아무런 이의가 없다.

도가 어린아이의 마음가짐과 같은 순진한 상태를 통해서 이룰 수 있고, 천당의 열쇠 역시 어린아이의 손에 있다고 할 때, 도에 이르는 길, 천국에 가는 길은 어느 특정한 계층의 사람들만이 갈수 있는 높고 먼 길이 아닐 것이다. 누구나 마음만 먹으면 이를 수 있는 열린 길이요, 가까운 길이요, 낮은 길이라고 하겠다.

삶과 죽음은 어떻게 다른가

천지와 한 기운 속에서 노닐다

자상호子桑戶가 죽자, 공자는 자공에게 장례를 치르기 전에 일을 보살펴 주도록 했다. 자공이 가서 보니, 맹자반孟子反과 자금장子琴張은 한 사람은 악곡을 엮고 다른 한 사람은 거문고를 타고 있었다. 잠시후 그들은 합창으로 다음과 같이 노래불렀다.

"아, 자상호여! 그대는 이미 참(眞)으로 돌아갔건만 우리는 아직도 인간으로 남아 있구나. 아…!"

자공이 앞으로 나아가 물었다.

"죄송하지만, 시체를 앞에 두고 노래를 부르는 것이 예의일까요?"

두 사람은 서로 쳐다보고 웃으며 말했다.

"이 친구가 예의 본뜻을 어찌 알겠는가?"

자공이 돌아와 공자에게 아뢰고 나서 물었다.

"그들은 어떤 사람입니까? 예의도 없이 시체 앞에서 노래하면서도 조금도 얼굴빛이 변하지 않으니 도대체 그들을 무어라 해야 할지 모르겠습니다. 대체 그들은 어떤 사람들입니까?"

공자가 대답했다.

"그들은 세상 밖에서 노는 이요, 나는 세상 안에서 노는 사람이다. 세상 밖과 안이 서로 같지 않거늘, 내가 자네를 시켜 위문하게 했으니 나야말로 생각이 모자랐구나. 그들은 조물주와 벗이 되어 천지와 한 기운 속에서 노닐고 있다. 그들은 삶을 몸에 붙어 있는 사마귀나 혹으로 생각하고, 죽음은 따버린 부스럼이나 터져버린 종기로 생각한다. 이런 그들이 죽음과 삶 가운데 어느 것이 먼저이고 나중인가를 아랑곳할 리 있겠는가? 그들은 사람의 형체란 정신의 기탁물寄託物이라고 생각하며 어떤 형체에 기탁하든 마찬가지라고 여긴다. 그래서 그들은 안으로는 간이나 쓸개도 잊어버리고 밖으로는 귀나 눈도 잊어버린다. 삶과 죽음을 시작도 끝도 없는 순환왕복하는 것으로 생각한다. 그들은 속세 밖에서 배회하며 무위자연의 세계에서 노니는 것이다. 그러니 어찌 그들이 수선스럽게 세상의 예의를 닦아 뭇사람의 눈에 띄려 하겠는가?"

― [장자] 대종사

아마도 동서고금을 통틀어 장자만큼 죽음을 예찬한 사람도 드물 것이다.

몸에 붙어 있는 사마귀나 혹, 그것은 얼마나 거추장스럽고 거북한가. 반대로 따버린 부스럼과 터져버린 종기, 그것은 얼마나 시원하고 개운한가. 삶의 의미를 거북함으로 격하시키고 죽음의 의미를 홀가분함에 견준 표현을 보면 장자가 얼마나 죽음을 아름답게 여겼는지 짐작할 수 있다.

공자와 자공의 대화로 엮어진 위의 이야기는 장자가 자기의 관점을 피력하기 위해 허구적으로 구성한 것이지 실제로 있었던 일이라고 보기는 어렵다. 장자는 인간의 '예禮'를 중시하는 유가와, 자연의 '진眞'을 중시하는 도가의 생사生死에 대한 관념의 차이를 말하려 했던 것이다.

죽음은 임금의 힘으로도 막을 수 없다

제나라 경공景公이 우산牛山에 놀이를 나갔다가 북쪽으로 도성都城을 바라보고는 눈물을 흘리며 말했다.

"아름답도다, 제나라여! 초목은 무성하여 울창하구나. 그런데 어찌하여 나는 두둥실 이 나라를 떠나 죽어야만 하는가? 예부터 죽음이란 것이 없었다면 내가 이곳을 떠나 어디로 가겠는가?"

그러자 신하 사공史孔과 양구거梁丘據가 따라 울면서 말했다.

"저희들은 임금님의 덕분으로 거친 밥과 나쁜 고기라도 먹고 지내며, 아둔한 말과 작은 수레라도 타고 다니고 있습니다. 저희는 이런 처지인데도 죽기를 바라지 않거늘 하물며 임금님께서야 어떠시겠습니까?"

그러자 안자晏子는 곁에서 홀로 웃고 있었다. 경공은 눈물을 닦고 안자를 돌아다보며 말했다.

"내가 오늘 놀이에서 비애를 느껴 사공과 양구거도 모두 나를 따라서 울고 있는데 그대는 혼자 웃고 있으니 어찌된 일이오?"

안자가 대답하였다.

"만일 현명한 임금들로 하여금 이 나라를 지키게 두었더라면, 곧 태공太公이나 환공桓公이 영원히 그리하셨을 겁니다. 만일 용기 있는 임금들로 하여금 이 나라를 지키게 두었더라면, 곧 장공莊公과 영공靈公이 영원히 그리하셨을 겁니다. 이런 몇몇 임금들이 이 나라를 지키셨다면 지금 임금님께서는 아마도 도롱이 입고 삿갓을 쓰고서 밭이랑 가운데서 그저 농사나 짓고 계실 것이니, 무슨 한가하게 죽음을 생각할 여가가 있었겠습니까? 그리고 또 어찌 임금자리에 오르실 수나 있었겠습니까? 역대의 임금들이 번갈아가며 그 자리에 오르고 번갈아가며 그 자리를 떠났기 때문에 임금님께도 차례가 돌아왔던 것입니다. 그런데도 홀로 죽음 때문에 눈물을 흘리고 계시는 것은 어질지 못한 일입니다. 저는 어질지 못한 임금님을 뵈었고 아첨하는 신하들을 보았습니다. 이런 두 종류의 사람들을 보았던 까닭에 홀로 웃고 있었던 것입니다."

경공은 부끄러워하면서 술잔을 들어 자신이 먼저 벌주를 마시고 두 신하들에게도 각각 두 잔씩 벌주를 마시게 하였다.

— [열자] 역명力命

제나라 경공이 임금자리를 버려둔 채 죽는 것이 슬퍼서 울었다는 이 이야기는, 죽음은 임금의 힘으로도 막을 수 없다는 사실을 잘 보여주고 있다.

젊은 안토니우스는 천하를 한손에 넣고 주름잡던 카이사르의 시체를 앞에 두고 이러한 만가挽歌를 읊었다.

"오! 권능의 카이사르여, 그대가 이렇게 낮은 자리에 누웠는가? 그대의 모든 정복과 영광과 승리의 약탈품이 이 적은 분량으로 줄어들었단 말인가?"

'모든 길은 로마로 통한다'는 옛말이 있듯이, 사실 모든 인생의 길은 결국 죽음의 길로 통하는 것이다. 해마다 겨울이 찾아오는 것과 같이 죽음은 누구도 피할 수 없다. 따라서 우리는 죽음에 대해서도 준비해두어야 한다. 그렇다면 죽음에 대한 준비는 무엇인가?

그것은 바로 훌륭한 인생을 사는 것이다. 하루하루 훌륭한 인생을 살 때 죽음에 대한 공포는 사라지고, 죽음 자체가 무의미하게 될 것이다. 우리는 어느 날 갑자기 인생의 한복판에서 죽음을 맞이하게 될지도 모른다. 그러니 모두가 훌륭한 인생을 살도록 힘써야 하지 않겠는가.

부인의 죽음 앞에 노래를 부르다

장자의 아내가 세상을 뜨자 혜자가 문상을 갔다. 마침 장자는 앉아서 분*을 두드리면서 노래를 부르고 있었다.

"자네는 오랫동안 부인과 함께 살면서 자식을 길렀네, 부인의 죽음에 눈물을 흘리지 않는 것은 혹 모르겠지만, 분을 두드리면서 노래까지 하는 것은 너무 심한 것이 아닌가?"

"그렇지 않네, 아내가 막 죽었을 때에야 난들 왜 슬퍼하지 않았겠는가? 그러나 아내가 이 세상에 나기 이전을 곰곰이 생각해보니, 원래 생명이 없었던 것이요, 생명이 없었을 뿐만 아니라 원래 형체가 없었던 것이며, 한갓 형체가 없었을 뿐만 아니라 원래 기운이 없었던 것이네. 그런데 어떤 무엇이 황홀한 가운데 섞여 있다가 변해서 기운(氣)이 되었고, 기운이 변해서 형체가 생겼고, 형체가 변해서 생명이 생겼으며, 그 생명이 이제 또 변해서 죽음으로 간 것이네. 이것은 마치 저 춘하추동 네 계절이 되풀이해 돌아가는 것과 같네. 아내는 지금 하늘과 땅이라는 큰 방안에 편안히 누워 있는데, 내가 그를 붙들고 시끄럽게 소리내어 운다는 것은, 내 스스로 천명天命의 이치를 통달하지 못한 것이나 마찬가지라고 생각하였네. 그래서 나는 울기를 그만둔 것이라네."

— [장자] 지락

* 분盆 – 술을 담는 그릇. 동이

유가에서는 '제사에는 공경을 극진히 하고 상례에는 슬픔을 극진히 하라(祭則致其敬 喪則致其哀)'고 하여 사람이 죽었을 때 슬픔을 나타내는 것을 당연한 도리로 여긴다. '아이고 아이고' 하고 곡哭을 하는 것도 사실은 '애고哀苦', 즉 슬프고 괴로운 감정의 한 표현이다.

죽음을 삶과의 단절로 보고 애도하는 유가적 시각에서 본다면, 장자처럼 평생 짝을 이루어 함께 살던 아내가 죽었는데도 동이를 두드리며 노래를 부르는 것은 분명 비정하고 무례한 행동임이 틀림없다.

그러나 장자는 유가와 달리 죽음이 삶과 단절됨을 의미한다고 생각하지 않았다. 단지 사계절의 변화와 같은 것이라고 보았던 것이다.

장자의 생각을 보다 쉽게 이해하기 위해 한두 가지 예를 들어보기로 하자.

해가 나와서 땅을 말리면 호수와 연못, 강과 바다에서 아주 작은 물방울들이 솟아서 하늘로 올라간다. 그 방울들은 보이지도 않을 만큼 작지만 수없이 많이 모여 큰 구름을 이룬다. 구름을 이룬 물방울들은 서로 엉켜서 점점 커지고 무거워져 비로 변해 땅으로 내려온다. 비가 그치고 햇볕이 들면 다시 조그만 물방울들은 하늘로 올라가 구름을 이룬다. 이 과정은 끊임없이 되풀이 된다. 이처럼 물방울과 구름과 비는 변화의 과정에서 나타나는 다른 현상일 뿐이다. 그 본질은 '물' 하나이다.

장자는 이렇듯 죽음을 존재 형태의 변화이자, 개체의 일시적 삶이 보편적 본질체로 돌아가는 과정이라고 인식한 것이다. 이것은 언뜻 보아 윤회설을 주장하는 불교의 생사관과 유사하게 보일 수도 있다. 그러나 불교는 생전에 지은 선악의 업에 따라 사후의 갚음이 있다고 보는 데 반해, 도가는 인과응보설을 전혀 개입시키지 않는다.

죽음을 최후의 변화로 본 톨스토이의 다음의 말은 장자의 죽음에 대한 견해와 상당히 흡사한 점을 보인다는 점에서 자못 흥미롭다.

"죽음은 육체가 맞는 가장 큰 최후의 변화이다. 우리는 육체의 변화를 지금까지 경험했고 지금도 역시 경험하고 있는 것이 아닌가 (…) 우리는 원래 하나의 벌거숭이 살덩어리였다. 그러다 젖먹이 어린아이가 되고, 머리털과 이가 나오고, 그것들이 다시 빠졌다가 새로 생기고, 백발이 되고 대머리가 된다. 이것들은 실로 '변화'이다. 그러나 우리는 이러한 변화를 겁내지 않는다. 그런데 어째서 최후의 변화, 즉 죽음은 겁내는 것인가?"

삶이 좋다고 한다면 죽음 또한 좋다

자래子來가 병이 들어 숨을 가쁘게 몰아쉬고 있었다. 죽음이 얼마 남지 않은 상황이라 그의 처자들이 둘러앉아 울고 있는데 자려子犁가 문병을 와서 말했다.

"에잇, 저리들 비키시오. 가는 이를 놀라게 하지 마시오."

그러고는 문에 기대서서 자래에게 말했다.

"위대한 조화造化는 장차 그대를 무엇으로 만들어 어디로 가게 하려는 걸까? 그대를 쥐의 간으로 만들려나, 벌레의 팔로 만들려나?"

자래가 대답했다.

"부모의 명령이라면 자식은 동서남북을 가리지 않고 그에 따른다네. 하물며 음양이 부모와 같을 뿐이겠는가? 그것이 나를 죽음으로 이끌려고 할 때 내가 따르지 않는다고 하면, 단지 내게만 볼썽사나운 일일 뿐이지 그것에게는 무슨 허물이겠는가? 무릇 천지는 형체를 주어 나를 태어나게 하고, 삶으로 나를 수고롭게 하고, 늙음으로 나를 한가롭게 하고, 죽음으로 나를 쉬게 한다네. 그러므로 삶이 좋다고 한다면 죽음 또한 좋다고 해야 하네.

여기 한 사람의 대장장이가 있어 쇠를 불에 달군다고 하세. 그때 쇠가 펄펄 뛰면서 '나는 꼭 막야鎮鋣와 같은 보검寶劍이 되겠다'고 한다면, 대장장이는 그 쇠를 상서롭지 못하다고 여길 걸세. 마찬가지로 내가 지금 한번 사람의 형상으로 나왔다고 해서, 말마다 '나는 사람으로 날 것이다, 사람으로 날 것이다'한다면 저 조물주도 반드시 나를 상서롭지 못하게 여길 걸세. 그러니 내가 이제 천지를 큰 용광로로 여기고 조물주를 대장장이로 생각한다면, 어디로 간들 무슨 상관이 있겠는가?"

— [장자] 대종사

생물학적으로 보면 죽음이란 뇌 활동이 정지하는 것이다. 그러나 죽음의 문제는 이렇게 간단히 정의될 수 있는 것이 아니다.

인간의 죽음은 단세포 생물의 죽음과 마찬가지의 것일까? 일시적 삶이 보편적 본질체로 회귀하는 것일까? 혹은 육체는 다시 물질의 세계로, 영혼은 다시 어떤 영의 세계로 귀향하는 것일까? 아니면 어떤 절대자의 힘에 의하여 개체적 존재가 다시 신에게로 되돌아가는 것일까? 죽음에 대한 의문은 꼬리를 물고 계속된다.

불교에서는 생과 사의 문제를 인과응보의 관점에서 다룬다. 생과 사는 조물주와 주재자에 의해서가 아니라, 자신이 지은 선악의 업보에 따라 주어지는 것이라고 믿는다.

다음의 말을 살펴보면 이러한 불교의 관점을 보다 잘 이해할 수 있다.

"선악의 갚음은 마치 그림자가 형체를 따라다니는 것과 같다. 삼세의 인과는 돌고 돌아 어긋남이 없다."[1]

"이와 같은 악업은 본래 스스로 짓는 것이다. 하늘에서 떨어지는 것도 아니고 땅에서 솟아나는 것도 아니며 남이 주는 것도 아니다. 자신이 잘못하여 짓고서 자신이 다시 그대로 받는 것이다."[2]

"일체의 갚음은 다 업을 좇아서 일어나며 일체의 과는 다 인을 따라서 생겨난다."[3]

장자는 위의 이야기에서 자래의 입을 빌어 천지를 용광로에, 조물주를 대장장이에 비유하였다. 용광로에 쇠를 달구어 기구를 만들 때 굽은 낫을 만들든 곧은 칼을 만들든 그것은 전적으로 대장장이의 마음이다. 마찬가지로 사람의 생과 사, 또 사후의 세계에서 이루어지는 모든 변화는 전적으로 조물주의 손에 달려 있다. 장자는 불교의 견해와는 달리, 죽음은 인간의 자유의지가 아니라 절대자의 힘에 의해 결정되는 것으로, 그 결정에 아무런 이의 없이 따라야 한다고 보았다.

장자는 모든 인간이 인위와 억지를 버리고 대자연으로 돌아가 자연에 순응해야 한다고 역설했던 자연주의자였다.

....

1 《열반경》교진여품橋陳如品 善惡之報 如影隨形 三世因果 循還不失
2 《능엄경楞嚴經》8 如是惡業 本自發明 非從天降 亦非地出 亦非人與 自妄所招 還自來受
3 《화엄경華嚴經》77 一切諸報 皆從業起 一切諸果 皆從因起

장작은 다 타더라도 불길은 영원하다

노자가 세상을 떴을 때 진일秦失*이 문상을 갔다. 그러나 그저 세 번 곡하고는 나와버렸다. 이에 제자가 물었다.

"그는 선생님의 친구분이 아닙니까?"

"물론 친구가 맞네."

"그런데 문상을 그렇게 해서야 되겠습니까?"

"나는 처음에 그를 훌륭한 인물로 여겼는데 이제 보니 그렇지 않다. 아까 문상하러 들어가서 보니, 늙은이는 마치 자기 아들을 잃은 듯이 울고, 젊은이는 마치 자기 어머니를 잃은 듯이 울고 있었다. 노자가 그처럼 사람들의 인정을 모은 것은, 그들에게 칭찬하는 말을 요구하지 않았더라도 반드시 칭찬하는 말을 하게 하고, 그들에게 울도록 요구하지는 않았더라도 울게 하는 요소가 있었기 때문일 것이다. 이는 천리 天理에서 벗어나고, 자연의 도리를 위배하며, 타고난 본바탕을 잊어버린 것이니, 예로부터 이런 것을 일러 자연의 이치를 벗어난 형벌이라고 하였다.

그가 어쩌다 이 세상에 온 것은 때가 되었기 때문이요, 그가 이 세상을 떠난 것은 운명에 따른 까닭이다. 그때를 따라 변화에 순응하면 슬프거나 즐거운 감정이 마음에 끼어들지 못한다. 이것을 옛날에는 생사의 고통으로부터 벗어남(懸解)이라고 하였다. 장작은 다 타더라도, 그 불길은 영원히 전하여 다함이 없는 것이다."

— [장자] 양생주養生主

* 진일秦失 – 실失은 일佚과 같으며 일로 발음 된다.

미국 버지니아주 포토맥강 오른편 언덕에는 알링톤 묘지가 있다. 여기에 고 케네디 대통령의 묘소가 있다. 묘지라고 하면 파란 잔디가 덮인 봉분을 연상해온 필자에게, 판판한 대리석 위에 한가닥 불길이 타오르는 케네디 묘소는 상당히 인상적이었다. 이것은 아마도 케네디의 육신은 죽어서 땅 속에 묻혀 있지만 그 정신은 불길처럼 꺼지지 않고 영원하다는 의미를 상징적으로 담고 있는 것이리라.

《법구경》 생사품生死品에는 이런 구절이 있다.

"정신이 육체 안에 있는 것은 마치 참새가 새장 속에 있는 것과 같다. 새장이 망가지면 참새는 날아가고 육체가 파괴되면 정신은 왕생한다."[1]

1　精神居形軀　猶雀藏器中　器破雀飛去　軀壞神逝生

《모자이혹론牟子理惑論》에는 이런 말도 보인다.

"혼백과 정신은 소멸되지 않는다. 다만 육신이 썩어서 없어질 뿐이다."[2]

기독교도들은 인간이 죽으면 천당에서 영생하게 된다고 믿는다. 또 이슬람교도는 아즈라엘이라는 천사가 영혼을 가져간다고 믿고 있다.

우리나라 풍속에서는 사람이 죽으면 흔히 '명복冥福을 빈다'라고 말한다. '명복'이란 죽은 뒤에 저승에서 받는 행복을 뜻한다. 이를 보면 한국인의 생활 속에도 은연중 죽음 뒤의 세계에 대한 믿음이 뿌리내려져 있다 할 수 있다.

사후의 세계는 현대과학으로는 증명할 길이 없다. 그래서 죽음이 그 자체로 끝난다고 생각하는 사람들도 상당수 있다. 그러나 과연 눈에 보이지 않고 귀에 들리지 않는다 해서 그것의 존재를 완전히 부정할 수 있을까. 전파電波는 우리의 눈에 보이지도 않고 귀에 들리지도 않으며 손으로 만져지지도 않지만 존재하고 있지 않은가.

장자가 진일의 입을 빌어 육체를 장작에, 정신은 불길에 비유하여, 장작은 다 타더라도 불길은 영원하다고 말한 것은 그 역시 사후 영혼의 세계를 믿고 있었던 까닭이다.

---

2 魂神固不滅矣 但身自朽爛耳

삶은 달라도 죽음은 같다

양주가 말했다.

"만물이 서로 다른 것은 삶이요, 서로 같은 것은 죽음이다. 살아서는 현명하고 어리석음, 귀하고 천함이 있으니 이것이 서로 다른 점이다. 죽어서는 똑같이 썩어서 냄새나며 소멸되어 버리니 이것이 서로 같은 점이다. 현명하고 어리석음, 귀하고 천함은 자신의 능력으로 되는 것이 아니며, 또한 썩어서 냄새나며 소멸되는 것 역시 개인의 능력으로 되는 일이 아니다. 그러므로 삶도 살고자 하여 사는 게 아니고, 죽음도 죽고자 하여 죽는 게 아니며, 현명함도 현명하고자 하여 되는 게 아니다. 또한 어리석음도 어리석고자 하여 되는 게 아니고, 귀함도 귀히 되고자 하여 되는 게 아니며, 천함도 천히 되고자 하여 되는 게 아니다. 그렇지만 만물에게는 결국 삶과 죽음이 같은 것이고, 어짊과 어리석음이 같은 것이며, 귀함과 천함이 같은 것이다.

십 년을 살다가 죽어도 그것은 죽음이요, 백 년을 살다가 죽어도 죽음이다. 어진 이와 성인聖人도 죽고, 흉악한 자와 어리석은 자도 역시 죽는다. 살아서는 요임금이나 순임금이라도 죽어서는 썩은 뼈가 된다. 살아서는 걸왕이나 주왕이라도 죽어서는 역시 썩은 뼈가 된다. 썩은 뼈가 되기는 마찬가지이니 누가 그 다른 점을 알겠는가? 그러니 현재의 삶을 즐겁게 살아야지, 어찌 죽은 뒤를 걱정할 겨를이 있겠는가?"

— [열자] 양주

인생의 출발점이 탄생이라면 그 마지막 도달점은 죽음이다. 그런 점에서 본다면 인생은 하루하루 죽어가는 것이라 해도 과언이 아니다. 그래서 동서의 종교와 사상은 세상의 모든 생명 있는 존재는 반드시 소멸하고 만다는 생자필멸生者必滅의 원리를 설파하고 있다.

"세상에 존재하는 일체의 생명 있는 것들은 결국 다 죽음으로 돌아간다. 수명이 비록 한량없다 하더라도 언젠가는 반드시 생명이 다할 날이 있다. 왕성한 것은 반드시 쇠락함이 있고 만남에는 헤어짐이 있으며 젊음은 오래 머물지 않는다. 이 세상에 고정 불변한 것은 없으며 수명도 이와 같은 것이다."[1]

"우리는 필경 죽으리니 땅에 쏟아진 물을 다시 모으지 못함과 같은 것이오." —《구약성서》사무엘 하

....

1 《대반열반경大般涅槃經》 一切諸世間 生者皆歸死 壽命雖無量 要必當有盡 夫盛必有衰 合會有別離 壯年不久停 无有法常者 壽命亦如是

《열자》양주편의 이야기는 두 가지 의미로 요약된다. 첫번째 의미는 인간이 사는 모습은 저마다 다르지만 결국 죽어서 소멸되기는 마찬가지라는 것이다. 두번째 의미는 삶과 죽음, 현명함과 어리석음, 귀함과 천함은 인간의 능력으로 되는 것이 아니라 이미 다 숙명적으로 정해져 있다는 것이다.

숙명론은 인간의 지식으로는 판단하기 어려운 차원인 이상 믿어도 믿지 않아도 상관없다. 그러나 인간 생명의 마지막 귀착점이 한결같이 썩고 냄새나는 뼈에 지나지 않음은 눈으로 직접 확인 가능한 일이 아닌가.

이러한 죽음은 예고도 없이 언제 어떠한 형태로 찾아올지 모른다. 그러니 우리는 언제 죽어도 후회가 없도록 당당하고 자주적이며 멋있는 충실한 삶을 살아야 할 것이다.

삶을 좋아함은 미혹이 아닌가

장오자長梧子가 말했다.

"(…)삶을 좋아함은 미혹이 아니겠는가. 또한 죽음을 싫어함은 마치 어려서 고향을 떠났다가 돌아갈 길을 모르는 것과 같은 것이 아니겠는가.

옛날에 애茨라는 땅이 있었다. 여희麗姬는 그곳 국경을 지키는 사람의 딸이었다. 그녀는 진晉나라로 끌려가게 되었을 때 처음에는 눈물 콧물로 옷을 적시었다. 하지만 진나라 왕의 처소에 들어가 화려한 잠자리를 같이하고 맛있는 고기를 먹어보자 전날 울었던 일을 뉘우쳤다고 한다.

죽은 이도 이와 마찬가지로, 죽기 전에 살기만을 바랐던 자신의 어리석음을 뉘우치지 않겠는가?"

— [장자] 제물론

대만의 수도 타이베이에 가면 중정공원中正公園이 있다. 장개석 총통을 기념하기 위해 세워진 이 공원은 그 규모나 조경이 아주 웅장하고 화려하다. 필자는 대만에서 공부할 때 이 공원에서 가까운 영강가永康街에 살았기 때문에 매일 아침 이 아름다운 공원을 산책하는 기쁨을 누릴 수 있었다. 공원 앞쪽의 꽃과 나무가 우거진 길을 걷는가 하면 맑은 연못에서 뛰노는 물고기들을 구경했던 것이다. 그러던 어느 날 필자는 무심코 공원 뒤쪽으로 발길을 돌리게 되었다. 그런데 이게 어찌된 일인가. 공원 앞쪽에 못지않은 크고 아름다운 또다른 공간이 조성되어 있는 게 아닌가! 필자는 이때 사람은 언제나 자기가 아는 세계 이상의 세계가 존재한다는 사실을 염두에 두어야 함을 실감했다.

위의 이야기에서 장자는 장오자라는 가공의 인물을 통해 사람들이 죽기 전에는 살기만을 바라고 죽음을 겁내지만, 죽은 후에는 자신의 그러한 행동을 뉘우치게 될지도 모른다고 하였다. 아마도 장자는, 필자가 공원의 뒤쪽은 가보지도 않고 앞쪽만이 전부라고 생각했던 것처럼, 죽어보지도 않고 살기만을 바라는 사람들의 어리석음을 일깨워주고자 했을 것이다.

소크라테스는 죽음을 앞두고 제자 플라톤에게 말했다.

"이별의 시간이 왔다. 우린 각자의 길을 간다. 나는 죽고 너는 산다. 어느 것이 더 좋은가는 오직 신만이 알고 있다."

인간이 생에 대한 맹목적인 애착에서 벗어난다면, 동경과 호기심과 즐거움을 가지고 죽음을 맞이할 수도 있지 않을까.

하늘과 땅을 널로 삼다

장자의 임종이 가까워왔을 때 그의 제자들은 성대한 장사를 논의하고 있었다. 이를 알고 장자가 제자들에게 말했다.

"나는 하늘과 땅을 널로 삼고, 해와 달을 한 쌍의 구슬로 삼으며, 별을 수많은 치레구슬로 삼고, 만물을 순장품殉葬品으로 삼는다. 나의 장례기구는 이만하면 충분하다. 이보다 더 나은 장례가 있을 수 있겠느냐."

그러자 제자들이 대답했다.

"저희들은 까마귀나 솔개가 선생님의 시신을 파먹을까 두렵습니다."

"땅 위에 있으면 까마귀나 솔개의 밥이 되고, 땅 밑에 있으면 땅강아지나 개미의 밥이 될 것이다. 구태여 까마귀나 솔개의 밥을 빼앗아 땅강아지나 개미에게 준다는 것은 너무 편벽된 일이 아니겠느냐?"

— [장자] 열어구

소크라테스는 생의 마지막 순간에 플라톤이 자신의 장례를 어떻게 치러야 할지를 묻자 미소를 지으며 이렇게 대답했다.

"자네는 지금 여기서 자네와 이야기를 나누고 있는 이 소크라테스를 참된 나라고 믿으려 하지 않는군. 도리어 잠시 후에 송장이 되어버릴 것을 나라고 믿고 있네. 그렇기 때문에 나를 어떻게 매장할지 묻는 것이 아닌가. 자네들은 내가 죽은 후 사람들이 내 시체를 화장하거나 매장하는 것을 볼 때, 마치 소크라테스가 끔찍한 일이라도 당한다고 생각해 자제심을 잃어서는 안 되네. 저들이 풍습에 가장 어울린다고 생각하는 방식으로 매장하는 것은 단지 나의 육체일 뿐일세. 그때 나 자신은 벌써 이 세상을 떠나가고 없는 것이네."

소크라테스는 이교인 다이몬교를 선교하여 국법을 어기고 청년들을 타락시켰다는 죄목으로 아테네에서 사형에 처해지게 되었다. 처형 직전에 그가 제자들과 나눈 이 대화는, 장자가 임종을 앞두고 남긴 말과 상당히 유사한 점이 많다. 다만 다른 점이 있다면 소크라테스가 자기 시신을 매장하거나 화장하는 것에 대해 개의치 않은 데 비해 장자는 특별히 야장野葬을 강조했다는 점이다.

유, 불, 도 삼교는 각기 다른 장례의식을 갖고 있다.

유가의 장례는 성대한 의식에 따라 시신을 매장하는 방법을 취하고 있다. 이러한 장례법은 인간의 육신은 바로 부모에게서 받은 것이라고 믿어 소중히 생각하는 정신과 관련이 있다.

불교에서는 사람이 죽으면 장작더미 위에 시신을 올려놓고 불태우는 화장식을 거행한다. 이것은 인간의 육신을 네 마리의 독사를 담고 있는 궤짝에 지나지 않는다고 믿어 대수롭지 않게 여기는 관념에서 기인한 것이다.

장자는 위에서 제자들에게 자신의 시신을 하늘과 땅을 널(棺)로 삼아서 야장해줄 것을 당부하였다. 장자가 야장을 주장한 까닭은 인간의 육신은 대자연의 부산품이므로 가장 자연스러운 방법을 통해 다시 대자연에 되돌려주는 것이 합당한 일이라고 믿었기 때문이 아닌가 싶다.

유가사상은 인간과 사회의 화해를 추구하고, 도가사상은 인간과 자연의 화해를 추구하며, 불교사상은 인간과 우주의 화해를 추구한다. 유, 불, 도 삼교의 사상은 이처럼 삶을 보는 시각에 서로 차이가 있기 때문에 죽음에 대한 태도에서 역시 서로 다르게 표현되는 것은 당연한 일이라고 할 수 있겠다.

그러나 오늘에 와서 냉정히 판단해볼 때 유가의 장례법은 좀 거추장스럽게 느껴지는 면이 있고, 불교나 도가의 장례식은 죽음을 너무 소홀히 다루는 듯한 인상도 없지 않다. 21세기를 살아가는 우리에게는 제3의 장례절차가 필요하지 않을까.

죽음으로써 나를 쉬게 한다

자공이 배움에 싫증이 난 나머지 공자에게 말했다.

"저는 좀 휴식을 취했으면 합니다."

공자가 대답했다.

"인생에 휴식이란 없는 법이다."

"그렇다면 제게는 휴식할 곳이 없다는 것입니까?"

"물론 있다. 저기, 저 무덤을 바라보아라. 불룩하고 우뚝하고 둥글지 않으냐. 저기가 바로 휴식할 곳이니라."

이에 자공이 말했다.

"크도다, 죽음이여! 군자는 거기서 휴식을 취하고 소인은 엎드려 있는 것임을 알겠습니다."

공자가 말했다.

"사賜여, 그대가 그것을 알았구나! 사람들은 모두 삶의 즐거움을 알지만 그 괴로움은 알지 못한다. 늙음의 피곤함은 알지만 그 편안

함은 알지 못한다. 죽음의 나쁨은 알지만 그것이 휴식이라는 것은
알지 못한다."

— [열자] 천서天瑞

열자는 공자와 자공의 대화를 빌어 인생이 최후에 휴식하는 곳은 무
덤이며, 죽음은 곧 휴식을 의미한다고 말했다.

그런데 교황 요한 23세는 임종시에 이렇게 말했다고 한다.

"이제 나의 여행 채비는 다 되었다."

그렇다면 죽음은 과연 긴 여행에서 정든 집으로 돌아가 휴식을
취하는 것인가, 아니면 정든 집을 떠나 긴 여행을 시작하는 것인가?

《구약성서》 창세기에는 이런 말이 나온다.

"너는 흙에서 난 몸이니 흙으로 돌아가기까지 이마에 땀을 흘려
야 낟알을 얻어먹으리라."

회남자는 삶은 고통이요 죽음은 휴식이라고 말했다.

"대지大地는 나를 형체를 지니고 태어나게 했다. 삶으로써 나를
수고롭게 하고, 늙음으로써 나를 편안하게 하고, 죽음으로써 나를
쉬게 한다."

플라톤은 사형선고를 받은 소크라테스의 입을 빌어 다음과 같이
말했다.

"죽음이란 것이 만약 꿈 없는 잠이라면 그것은 매우 훌륭한 얻음
이 아닐 수 없다."

이와 같은 말들을 통해서 본다면 죽음은 지루한 여행을 끝마치고 정든 집으로 돌아가 편안히 휴식함을 말하는 것이 아닐까.

해골은 환생을 바라지 않는다

장자가 초나라로 가는 길에 바싹 말라빠진 해골바가지 하나를 보았다. 장자는 말채찍으로 그것을 두드리며 물었다.

"그대는 삶을 탐내서 도리를 잃고 놀다가 이렇게 되었는가? 나라를 망치는 큰 잘못을 저지른 죄로 사형을 당하여 이렇게 되었는가? 어떤 나쁜 일을 저질러 부모와 처자에게 수치를 남길까봐 자살을 하여 이렇게 되었는가? 헐벗고 굶주리다 이렇게 되었는가? 혹은 수명이 다하도록 살다가 이렇게 되었는가?"

장자는 해골바가지를 끌어당겨 베고 누워 잠이 들었다. 해골바가지가 장자의 꿈에 나타나 말했다.

"그대의 말은 마치 변사辯士와 같았네. 그러나 그대의 가지가지 이야기는 모두 사람이 살아 있을 때의 걱정거리라네. 한번 죽고 나면 그런 일은 없지. 그대는 죽음의 이야기를 듣고 싶은가?"

"그렇다네."

"죽음의 세상에는 위로는 임금도 없고 아래로는 신하도 없으며 또

한 사계절의 변천도 없네. 그래서 그저 조용히 하늘과 땅과 함께 목숨
을 같이 하는 것일세. 비록 임금노릇 하는 즐거움이라 하더라도 이것
을 능가하지 못한다네."

그러나 장자는 그 말을 미더워하지 않았다.

"내가 만일 생명을 관장하고 있는 신령으로 하여금 그대의 형상을
다시 만들고 뼈와 살과 살갗을 재생시켜, 그대의 부모처자와 친구들이
있는 고향으로 돌려보내게 하려 한다면, 그대는 그것을 원하겠는가?"

해골은 깊은 시름에 잠기어 말했다.

"내가 임금노릇 하는 것과 같은 즐거움을 버리고 어떻게 다시 인간
세상의 고통을 당하고자 하겠는가?"

— [장자] 지락

북소리 둥둥둥 목숨을 재촉하는데
머리 돌려 바라보니 해는 저물려 하는구나
황천에는 객점도 하나 없다던데
오늘밤엔 뉘 집에서 자고 갈거나.

擊鼓催人命

回頭日欲斜

黃泉無一店

今夜宿誰家

이 시는 절의節義의 상징으로 여겨지는 매죽헌 성삼문이 형장에 이르러 처형되기 직전에 쓴 것이다. 그는 그토록 죽음 앞에 당당했 건만 임종 때 남긴 이 시에는 생에 대한 애착과 사후의 세계에 대한 불안감 같은 것이 은연중에 스며 있다.

세계의 10대 걸작 중의 하나로 꼽히는 도스토예프스키의 《죄와 벌》에는 이런 대목이 나온다.

"학생인 라스콜리니코브는 방심 상태로 성 페테르스부르크 거리 를 방황한다. 그는 도끼로 두 노파를 살해했다. 그는 인류로부터 축 출될 듯한 느낌이었다. 홍등가를 거닐면서 그는 이렇게 생각했다. '대양 한가운데 영원히 계속되는 암흑과 폭풍우 속의 고도의 절벽 꼭대기에 불쑥 나온, 겨우 발을 디딜 자리가 있는 바위 위에서 살아 야 한다고 할지라도, 손바닥만한 장소에 우두커니 서서 일생을 보내 야 한다 할지라도, 지금 당장 죽는 것보다는 그렇게 사는 편이 낫다. 다만 사는 것, 살고 또 사는 것, 그 삶이 어떠하든지 간에 살고 볼 것이다."

이것은 어디까지나 사실이 아닌 소설의 한토막이긴 하지만, 인간 의 삶에 대한 동경과 집착이 얼마나 강하고 집요한 것인지를 잘 묘 사하고 있다.

상식적으로 생각할 때 죽은 사람이 다시 살아나 그가 사랑하는 부모와 처자의 곁으로 되돌아가게 해준다면 그는 뛸 듯이 기뻐할 것 이다. 그러나 장자는 위의 이야기에서 해골의 입을 빌어 그와는 정 반대의 말을 하였다. 장자는 언제나 생의 세계보다 사후의 세계를 희망적으로 묘사하였다.

죽음을 아름답게 묘사하는 장자의 이런 표현을 평소 그의 염세적 정서에서 나온 일종의 변태요 기형이라고 치부할 사람도 없지 않을 것이다. 그러나 어린아이들이 어둠 속으로 가기 무서워하듯 무작정 죽음을 겁내고 있는 수많은 나약한 인간들에게, 죽음에 대한 공포를 덜어주는 명약名藥으로서의 가치는 충분히 있지 않겠는가.

저자 심백강

역사학박사 / 민족문화연구원장

서구에서 엘빈토플러가 『제3의 물결』을 외칠 때 『제3의 사상 - 신자유주의와 제3의 길을 넘어서 - 』를 썼다. 새천년 인류의 새로운 패러다임을 제시한 동양권의 유일한 저작이다.

『퇴계전서』, 『율곡전서』, 『조선왕조실록』 등 한국의 주요 고전들을 번역한 국내 굴지의 한학자이자 동양학자이다. 『이야기로 배우는 동양사상』, 「불교편」, 「유가편」, 「도가편」은 동양사상의 대중화에 크게 기여했다. 한 학자가 유, 불, 도 삼교사상에 두루 정통하여 이를 각각 한권의 책으로 펴낸 것은 한, 중, 일 삼국을 통틀어 보기 드문 일이다.

『사고전서』는 청나라에서 국력을 기울여 편찬한 근 8만권에 달하는 사료의 보고다. 『사고전서』의 사료적 가치를 국내에 처음 소개하여 한국고대사 연구의 새장을 열었다. 최근에 저술된 『한국 상고사 환국』, 『잃어버린 상고사 되찾은 고조선』, 『사고전서 사료로 본 한사군의 낙랑』, 『교과서에서 배우지 못한 우리역사』는 『사고전서』를 바탕으로 강단사학과 재야사학을 넘어 한국 고대사의 체계를 새롭게 세웠다는 평가를 듣는다.

청와대 대통령실, 중앙공무원교육원 고위정책과정, 교육부 한일역사 공동위원회, 경기도 교육청, 충남도청, 장성군청, 거제시청, 인간개발 연구원, 동북아역사재단, 한국교원대학교, 한국학중앙연구원, 국정원, 국학원 국민강좌, KBS1TV 아침마당, KBS2TV 등에서 특강을 하였다.

이야기로 만나는 인문학

도가 道家

초판1쇄 인쇄 2022년 6월 17일
초판1쇄 발행 2022년 6월 20일

지은이 심백강
발행인 육일
인 쇄 서울컴
펴낸곳 바른역사
편집 고연 | **표지** 고미자
주 소 서울시 서초구 반포대로23길 13, 5층 L104호
전 화 02-6207-2544, 031-771-2546

가격 18,000원
ISBN 979-11-952842-3-8